DIREITO: TRADIÇÃO E MODERNIDADE

Dados Internacionais de Catalogação na Publicação (CIP)
(Câmara Brasileira do Livro, SP, Brasil)

De Cicco, Cláudio, 1940 —
Direito: tradição e modernidade / Cláudio de Cicco. — São Paulo: Ícone 1993.

Bibliografia.
ISBN 85-274-0244-0

1. Direito da família 2. Direito — História e crítica 3. Pátrio poder I. Título

93-0454 CDD-34(091)

Índices para catálogo sistemático:

1. Direito: História 34 (091)

CLAUDIO DE CICCO

DIREITO: TRADIÇÃO E MODERNIDADE

2ª EDIÇÃO

Coleção Elementos de Direito
Coordenação Técnica
Carlos E. Rodrigues
Márcio Pugliesi

Produção
Anízio de Oliveira

Capa
Rodolfo Garofalo

Revisão
Adalberto de Oliveira Couto

ÍCONE EDITORA LTDA.
Rua das Palmeiras, 213 — Sta. Cecília
CEP 01226-010 — São Paulo — SP
Tels. (011)826-7074/826-9510

CLAUDIO DE CICCO

Professor Associado de Filosofia do Direito e História do Direito e do Pensamento Jurídico Brasileiro na Faculdade de Direito da USP; Professor de Teoria Geral do Estado e de Filosofia do Direito e Lógica Jurídica na Faculdade de Direito da PUC-SP; Professor de Introdução ao Estudo de Direito (FMU-Grad.); Presidente do Centro de Estudos Interdisciplinares de Direito (CEID).

— PODER E AUTORIDADE NA FAMÍLIA E NO ESTADO DAS ORIGENS ROMANAS AO DIREITO BRASILEIRO MODERNO—

À memória do
Professor Orlando Marques de Paiva,
Reitor da Universidade de São Paulo

ÍNDICE

INTRODUÇÃO

Tema que preocupa os estudiosos do Direito é o das relações entre norma jurídica e fato social, desde os antigos jurisconsultos romanos até os modernos sistematizadores.

Na evolução do pensamento jurídico, entretanto, foi de grande relevância, como marco nas investigações, a dicotomia estabelecida por Kant entre ser e dever ser. Só então se tornou factível uma teoria do Direito puramente jurídico-formal, como a de Kelsen.

Parecia, então, que para sempre ficava superada a discussão entre jusnaturalistas e positivistas, encontrando-se finalmente o campo preciso das investigações do jurista. Entretanto, isto era apenas uma trégua provisória: "Chassez le naturel, il reviendra au galop...".

Nossa época curiosamente tem sido, ao mesmo tempo, a do progresso da ciência jurídica dogmática, até os refinamentos da utilização da cibernética, de um lado, e da análise rigorosa de todos os conceitos jurídicos, à luz das teorias contemporâneas sobre o poder, a dominação e a utilização mais ou menos bem-sucedida do Direito como instrumento de garantia da ordem social.

Uma nova compreensão do papel do sociólogo do Direito se fazia necessária, sob pena de permanecer ele sempre no puro domínio da utopia, sonhando com um modelo de sociedade onde não existiria o Direito, ao qual não se ajusta uma sociedade em que este cada vez mais se desenvolve.

Mas, ao mesmo tempo, não se poderia limitar sua investigação aos contornos de uma determinada modalidade de ordenamento jurídico, como se não houvesse outras possibilidades.

Em nosso trabalho sobre o pátrio poder, por conseqüência, relutávamos entre uma visão de cunho idealístico, da qual, comodamente, nos ocuparíamos em criticar o trabalho aturado dos civilistas que construíram nossa doutrina sobre o pátrio poder, e uma visão de base empirista, tentando, com muito esforço e pouca sinceridade, justificar todo o encaminhamento da questão, até sua consolidação no disposto no Código de 1916.

Nesse impasse foi-nos dado conhecer a obra de Niklas Luhmann, aplicação ao campo do Direito da teoria funcionalista: abria-se uma nova perspectiva para as investigações, sob ângulo diverso, qual seja, a do funcionamento do instituto do pátrio poder, deixando de lado quer a contestação radical, quer a defesa irrestrita.

Leciona Dahrendorf que "o funcionalismo é a escola sociológica que estuda todos os problemas sob o aspecto do funcionamento equilibrado e perfeito das sociedades e seus subsistemas, analisando cada fenômeno enquanto contribui para manter a harmonia do sistema"(1).

Elude-se, assim, a discussão, mais ou menos encerrada, sobre as características do pátrio poder (se é de direito natural, suas disposições são puramente de direito positivo? uma imposição da natureza com condicionantes resultantes da cultura?), para se tentar explicar o funcionamento de uma das alternativas possíveis, a saber, sua configuração na tradição romana, no cadinho medieval, sua inflexão na realidade do Brasil-colônia, até os estudos e debates que retardaram sua positivação no Código de 1916, tal como então se concebeu. Trata-se, pois, de um estudo histórico, mas também sociológico, pois estudaremos o instituto não só sob o enfoque cronológico das mudanças superficiais, no campo da dogmática jurídica, mas também sob o ângulo das estruturas sócio-econômicas e culturais que inegavelmente condicionam suas alterações.

Impunha-se, então, o estudo do instituto como parte integrante do sistema do Direito Civil entre nós, daí sermos forçados a abordar, em última análise, a elaboração mesma do Código como um todo, embora privilegiando o referente ao pátrio poder.

Ora, a idéia de sistema, na perspectiva de Luhmann, pressupõe uma redução da complexidade da realidade circundante, uma seleção operada nas várias formas possíveis de representar essa realidade. Assim, o sistema é complexo, mas sua complexidade é menor do que a do mundo que o envolve, ou seja, trabalhamos com o sistema como se ele de fato fosse o retrato fiel da realidade exterior a ele. Há nisso tudo uma indisfarçável teatralidade: "Papel, parte, caráter, máscara são palavras cujo conceito básico é o mesmo, isto é, a teatralidade"(2). Estas palavras de Dahrendorf podem ser aplicadas ao Direito, desde a antiga Roma, onde encontramos o processo formular, o ritual que, de forma diversa, subsistem até hoje. Vale dizer, a norma que, no que nos diz respeito, regula o pátrio poder, garante não só a nível familiar, mas também e principalmente a nível social, perante terceiros, a possibilidade de uma autoridade não discutida, de manter a guarda dos filhos, educá-los, com plenos poderes, sem que alguém perturbe essa expectativa de anuência, quer dizer, possibilidade de alguém assumir a perspectiva do outro ser humano com quem se inter-relaciona, ou seja, a possibilidade de uma interação entre seres humanos.

Assim, ao analisarmos as relações entre pais e filhos, e os direitos e/ou deveres correspondentes, desde logo se deve abandonar a idéia de que tudo se passa de modo "natural". A tendência a identificar com o natural tudo o que é histórico — típica do Positivismo do século XIX — esquece que na variedade mesma das relações possíveis se patenteia o que de arbitrário e, portanto, reformável pode se conter em instituições jurídicas de grande importância dentro do sistema, como é o caso da família, da filiação e do pátrio poder.

A dupla contingência do mundo social exige a construção de novas estruturas de expectativas estabilizadas (seletividade) em termos de expectativas de expectativas, expectativas potenciadas. O problema não é só controlar o comportamento do outro, mas também nossas expectativas. Para isso surgem as seletividades potenciadas (estruturas). São, pois, duas as dimensões: o próprio comportamento e o comportamento perante o outro (3).

A Ciência do Direito quer interferir nas interações sociais, para que elas ocorram do melhor modo. Não se pode a todo momento mudar nossa expectativa, daí surgindo a norma jurídica como facilitação das interações na medida em que garante que nossa expectativa não precisa ser mudada. A norma é uma expectativa de comportamento que se estabiliza na medida em que se mantém a mesma, não aprendendo com as desilusões. Os fatos podem contrariar a norma jurídica, ela se manterá contra os fatos, pois sua validade independe do preenchimento ou não da expectativa. Daí que a norma se revela um instrumento de controle social que visa atuar na expectativa do comportamento alheio. Não visa conhecer as razões de uma desilusão, até conta com a desobediência: "a norma foi feita para ser violada..."[(4)].

Conclui Luhmann que a norma canaliza as desilusões, reconduzindo a sociedade à idéia de que suas disposições continuam valendo. E isto se faz através da sanção. No caso em pauta, o pátrio poder não se perde ainda que reiteradamente desconhecido na prática. Terceiros reconhecerão sua existência, a responsabilidade do pai, pelos atos do filho menor, ainda que ambos a neguem. Vê-se logo a importância do terceiro, em qualquer relação humana. O Direito se preocupa com o que dirá o terceiro, e por isso institucionaliza seu consentimento, reduzindo algo extremamente complexo (o consenso de todos os que vivem juntos, em comunidade), a algo bem mais fácil de se obter, o consentimento do juiz, do curador de menores, que, desempenhando o papel que lhes dá o Direito, representam, bem no sentido teatral, como ponderava Dahrendorf, a comunidade [(5)].

Não analisaremos o pátrio poder como deveria ser, mas como de fato tem sido entendido, na obra dos intérpretes, nas decisões dos tribunais, até sua final consagração no articulado do Código Civil.

Mas isso não quer dizer que tentaremos defender como única fórmula possível, em cada época, o que se definiu nos tratados, ou se decidiu nos tribunais, mas como se processou a garantia das expectativas em matéria de pátrio poder, nas várias épocas.

Pensamos com isso trazer uma modesta contribuição para os estudos de Sociologia do Direito, visando compreender melhor as relações entre norma jurídica e fato social, não apenas no clássico e verdadeiro sentido do "ex facto oritur jus", mas também no moderno e não menos verificável conceito do "jus" como sistema para organizar o "factum".

Não nos arvoramos a denominar "natural" tudo o que é durável, nem "positivo" o que é mutável, pois a História do Direito no Ocidente tem demonstrado a precariedade de qualquer critério para considerar algo "permanente" ou "mutável" e, além disso, nem sempre uma mudança superficial, jurídico-técnica, é de fato mudança significativa em termos de estrutura.

Assim, consideramos mais útil e factível, com os recursos de que podemos agora dispor, estudar o funcionamento do sistema no que tange ao instituto do pátrio poder, em nosso Direito.

Tudo isso nos conduziu a um trabalho de seleção metodológica: se tal era o nosso propósito, deveríamos por ora renunciar a toda tentativa de "compreender a essência" do pátrio poder, para frisar a necessidade de "explicar o funcionamento" do instituto.

Foi o que nos levou a apreciar e acolher a proposta de Niklas Luhmann, expoente da Sociologia do Direito da Alemanha contemporânea, que, partindo de Dahrendorf e de Parsons[6], estuda o fenômeno do Direito sob a perspectiva do funcionalismo estrutural.

Quanto à importância assumida no desenvolvimento da obra de considerações de ordem histórica, vale a pena trazer à colação a observação de Luhmann de que "A orientação de toda dogmática, em particular da dogmática jurídica, ao 'input' dos sistemas normativos, comporta de fato, em prospectiva temporal, uma orientação ao passado, a normas já estabelecidas, orientação que é totalmente diversa de uma orientação ao 'output' dos sistemas normativos, aos efeitos que eles produzem no futuro, orientação que vem tipicamente assumida pela pesquisa sociológica"[7].

Não teríamos uma visão exata do instituto do pátrio poder sem analisar seu delineamento histórico, suas origens e evolução através da História do Direito em geral, e da História do Direito Brasileiro, em particular, até chegarmos às normas como elas se encontram hoje acolhidas em nossa legislação.

Num segundo momento se passa ao estudo dos efeitos que as normas produzem na sociedade, ao "output" dos sistemas normativos. Então terá mudado o enfoque, mesmo em se tratando de fatos sociais pretéritos, quando eles serão estudados para estabelecer paralelismo ou contraste com os efeitos sociais, em "output", do poder pátrio em nossa legislação.

Também o largo espaço deixado à dogmática jurídica, em nossa obra, obedece a uma metodologia específica: não se fará Sociologia do Direito ao "sociologizar" a dogmática jurídica, que é disciplina própria em sua linguagem, métodos, escopo, limites, mas ao aplicar para o estudo do Direito, como sistema funcionalmente explicável, como um todo delimitado mediante fronteiras bem marcadas que o separam do ambiente circundante, um critério que, escoimando-o de todos os fatores extra-jurídicos, tais como religiosos, ideológicos, metafóricos e/ou retóricos, venham de que direção ou escola vierem, nos conduza à completa apreensão do que de fato é o Direito. E este é precisamente o caminho para se conhecer qual a função social da norma jurídica e da dogmática[8].

NOTAS DA INTRODUÇÃO

(1) Ralf Dahrendorf — *Sociedad y Libertad.* Madri, Ed. Tecnos, 1971, p. 110.
(2) Ralf Dahrendorf — *Ensaios de Teoria da Sociedade.* Rio de Janeiro, Ed. Zahar, 1974, p. 40.
(3) Alberto Febbrajo — *Funzionalismo Strutturale e Sociologia del Diritto nell'Opera di Niklas Luhmann.* Milão, Giuffrè Ed., 1975, pp. 45-48.
(4) *Ibid.*, pp. 62 e 68.
(5) *Ibid.*, pp. 65 e 66. Ver também Dahrendorf — *Ensaios,* id. loc.
(6) Niklas Luhmann nasceu em Lüneburg, em 1927, aperfeiçoou-se em Sociologia na Universidade de Harvard e lecionou em Bielefeld, Dortmund e Speyer, na Alemanha Federal. Obras principais: *Rechtssoziologie* (1972); *Legitimation durch Verfahren* (1969), traduzida para o português por Maria da Conceição Corte-Real, com revisão do Prof. Tércio Sampaio Ferraz Jr., que também prefaciou a edição da Editora Universidade de Brasília, 1981, sob o título *Legitimação pelo Procedimento; Rechtssystem und Rechtsdogmatik* (1974), traduzida para o italiano por Alberto Febbrajo, Ed. Il Mulino, 1978, sob o título *Sistema Giuridico e Dogmatica Giuridica*; *Politische Planun* (1971), traduzida para o italiano por Flavio Spalla, sob o título *Stato di Diritto e Sistema Sociale,* Nápoles, Guida Ed., 1978.
(7) Niklas Luhmann — *Sistema Giuridico e Dogmatica Giuridica.* Bolonha, Ed. Il Mulino, 1978, p. 19.
(8) *Ibid.* sup. e pp. 15-16. Veja-se também *Função Social da Dogmática Jurídica,* de Tércio Sampaio Ferraz Júnior, São Paulo, Ed. Revista dos Tribunais, 1981, onde largamente colhemos para este trabalho.

PARTE I: A TRADIÇÃO ROMANÍSTICA

Capítulo I

O Pátrio Poder e a Idéia de Autoridade na Antiguidade Greco-Romana.

a) A Tradição Primordial

O século XVIII, entre outras idéias sem base histórica, nos legou uma idéia de Direito Romano como algo acabado e perfeito desde os primórdios, como se as XII Tábuas já fossem um Código e os juristas romanos se limitassem a interpretar as suas disposições. Vê-se a simplificação de perspectivas que tal concepção vem trazendo para os estudiosos do Direito, retirando-se ao "Jus Civile" sua característica principal, a de ser flexível, adaptável às circunstâncias, sendo enorme o papel desempenhado pelo Pretor no "aggiornamento" contínuo das disposições jurídicas, a ponto de se poder dizer que o Direito Romano foi antes de tudo um Direito Pretoriano.

Como decorrência do equívoco acima delineado, as XII Tábuas parecem brotar como Minerva da cabeça de Júpiter, sem qualquer antecedente histórico, ficando rejeitada como desnecessária uma indagação mais atenta a respeito do Direito Romano anterior às XII Tábuas, taxado de "primitivo", aliás dentro de uma visão evolucionista que é típica do século XIX, por herança de Condorcet, hoje não mais aceita pela Antropologia.

No entanto, em matéria de pátrio poder, pouco ou nada se poderá conhecer do instituto sem apelar para uma antiquíssima tradição indo-européia. Eis o motivo pelo qual um Fustel de Coulanges, na obra ainda clássica *La Cité Antique,* salienta a importância do culto dos antepassados na sociedade tanto latina como helênica, em seus primórdios, para mostrar que o poder paterno é uma das peças fundamentais para se entender a antiga concepção da família, da propriedade, da herança, da autoridade, de que permaneceram traços mesmo em institutos romanos da época clássica. Fustel de Coulanges observa que "a família não recebeu suas leis da cidade. Se tivesse sido a cidade a estabelecer o direito privado, teria provavelmente elaborado algo diverso, teria regulado de acordo com outros princípios o direito de propriedade e o direito de sucessão, pois não era de seu interesse que a terra fosse inalienável e o patrimônio fosse indivisível. A lei que permite ao pai vender ou até mesmo tirar a vida de seu filho, lei que encontramos tanto na Grécia como em Roma, não foi imaginada pela Cidade. Ela teria antes dito ao pai: '— A vida de tua mulher e de teu filho não te pertencem e nem a sua liberdade; eu os protegerei mesmo contra ti; não serás tu que os julgarás, que os executarás se eles se tornarem culpados: eu serei seu único juiz'. Se a Cidade não fala assim é porque ela não pode, pois o Direito Privado existia antes dela. Quando ela começou a estabelecer suas leis por escrito, já encontrou esse Direito estabelecido, vivo, enraizado nos costumes, forte através de uma adesão universal. Ela o aceitou, por não poder agir de outro modo, e não ousou modificá-lo senão com o correr do tempo. O direito antigo não é obra de um legislador, mas antes se impôs ao legislador. Foi na família que ele nasceu. Saiu espontaneamente e todo formado dos antigos princípios que o constituíam. Decorreu de crenças religiosas que eram universalmente admitidas, na era primitiva de tais povos, e que exerciam um império sobre suas inteligências e sobre suas vontades"(1).

Se não foi a Cidade-Estado que criou o pátrio poder, mas apenas reconheceu algo já existente, temos de buscar sua origem em épocas mais remotas.

Émile Benveniste nos esclarece sobre a origem etimológica do termo latino "Pater": "De todos os termos de parentesco, a forma mais genuína é o nome de 'Pai', 'Pater', do sânscrito 'Pitar'. O termo 'Pater' está plenamente justificado no seu emprego mitológico, pois é a qualificação permanente do Deus Supremo dos indo-europeus. Figura no vocativo do nome divino de 'Júpiter'. A forma latina se originou de uma fórmula de invocação: 'Dyen Pater' = 'Pai Celeste', como no vocativo grego: 'Zeû Páter'. Neste sentido originário, a relação de paternidade física, é de se excluir, pois estamos longe do parentesco estritamente físico e 'Pater' não designa o pai no sentido pessoal. 'Atta' é o pai nutrício, o que educa a criança. Daí a diferença entre 'Atta' e 'Pater'. A 'Patria Potestas' é o poder que se liga à idéia de pai em geral, que ele detém por sua qualidade de pai. 'Patrius' se refere não ao pai físico, mas ao pai enquanto classificação de parentesco. 'Paternus' é o adjetivo derivado de 'Pater' que exprime o pai físico e pessoal. Temos um terceiro adjetivo derivado de 'Pater', 'Patricius', o que descende de pais livres, nobres, exprimindo uma hierarquia social"(2).

Tais observações corroboram as afirmações de Fustel de Coulanges: "A religião doméstica está de acordo com a natureza, ela afirma que o pai será o chefe do culto, e que o filho deverá somente ajudá-lo em suas funções sagradas. Mas se a natureza não exige esta subordinação senão durante um certo número de anos, a religião exige mais. A natureza dá ao filho uma maioridade que a religião não lhe concede. De acordo com antigos princípios o lar é indivisível e a propriedade é como ele, os irmãos não se separam pela morte do pai, com muito maior razão não podem se separar dele durante a vida. No rigor do direito primitivo os filhos continuam unidos ao lar paterno e, assim sendo, ficam submetidos à sua autoridade. Enquanto ele viver, os filhos são considerados menores"(3).

É, pois, mais exato falar em "pátrio poder" do que em "poder paterno". "Paterno" é adjetivo que etimologicamente se reserva para qualificação de parentesco: avô paterno, lado paterno etc. Já "pátrio" exprime a idéia de hierarquia e de estirpe: patriciado, gens patrícias, e, como lembra *La Cité Antique*: "Platão diz que o parentesco é a comunidade dos mesmos deuses domésticos. Plutarco define dois irmãos como sendo dois homens que têm o dever de fazer os mesmos sacrifícios domésticos. O princípio do parentesco não era o nascimento, era o culto. A agnação era o parentesco como ficara estabelecido pela religião no princípio. Na medida em que a antiga religião se enfraqueceu, a voz do sangue passou a falar mais alto, e o parentesco por nascimento foi reconhecido pelo Direito: os romanos chamaram de "cognatio" esta espécie de parentesco, que era absolutamente independente das regras da religião doméstica"[4]. E qual o fundamento do poder do pai, na tradição mais antiga? "Tinha por princípio e por condição o culto doméstico. O filho nascido do concubinato não estava colocado sob a autoridade do pai. Entre o pai e ele não existia comunidade religiosa, não havia, pois, nada que conferisse a um autoridade, a outro obediência. A paternidade não era por si só suficiente para conferir direitos de pai"[5].

Que direitos eram esses?

"As leis gregas e romanas reconheceram esse poder ilimitado do pai, como dele o revestira a religião, nos primórdios. Os vários direitos que as leis lhe conferiam podem ser catalogados em três categorias, segundo se considera o pai de família como chefe religioso, como senhor da propriedade ou como juiz. O pai é o chefe supremo da religião doméstica, dirige todas as cerimônias do culto, e, por conseqüência, é o responsável pela perpetuidade do culto e da família. Tudo o que se relaciona com essa perpetuidade, que é seu primeiro dever e cuidado, depende apenas dele. Daí deriva uma série de direitos: direito de reconhecer a criança no ato do nascimento ou de rejeitá-la. Esse direito é atribuído ao pai, tanto pelas leis gregas como pelas leis romanas (Heródoto, I, 59. Plutarco, *Alcibíades*, 23. *Agesilau*, 3). Por mais bárbaro que nos pareça, não está em contradição com os princípios básicos da família (antiga). A filiação, mesmo se incontestada, não basta para ingressar no círculo da família, é necessário o consentimento do chefe e a iniciação no culto. Enquanto a criança não for associada à religião doméstica, nada representa para o pai. Direito de repudiar a mulher, quer em caso de esterilidade, porque a família não deve se extinguir, quer em caso de adultério, porque a família e a descendência devem ficar isentas de toda e qualquer alteração. Direito de ceder a filha em casamento, cedendo a outro o poder que tem sobre ela. Direito de ceder o filho em casamento, pois o casamento do filho interessa à perpetuação da família. Direito de emancipar, isto é, de excluir um filho da família e do culto. Direito de adotar, isto é, de introduzir um estranho junto ao culto do lar doméstico. Direito de designar, ao morrer, um tutor para a mulher e para os filhos. (...)... O filho não possuía coisa alguma, nenhuma doação feita por ele era válida, pela mesma razão de que nada possuía de próprio, não podia adquirir coisa alguma, os frutos de seu trabalho, os lucros de seu comércio eram devidos ao pai. Se um testamento era feito por algum estranho em seu favor, o legado era recebido não por ele, mas pelo pai. Por aí se explica o texto romano que proíbe a venda de pai para filho, pois estaria o pai vendendo para si mesmo. Vemos no antigo direito de Roma e de Atenas que o pai poderia vender o filho (Plutarco, *Sólon*, 13. Dionísio de Halicarnasso, II, 26. Gaio, I, 117, 132. Ulpiano, X, 1. Tito Lívio, XLI, 8. Festo, *Deminutus,* 5º). É que o pai podia dispor de toda a propriedade que estava na família e o filho era considerado como simples propriedade do pai, pois seu trabalho era fonte de renda para o pai e para a família. O pai poderia, pois, guardar para si mesmo esse instrumento de trabalho ou cedê-lo a outro, e denominava-se "vender o filho". Os textos que possuímos não nos esclarecem devidamente sobre a natureza de tal contrato de venda e sobre as reservas porventura nele contidas. O que parece certo é que o filho não ficava na condição de escravo do comprador e que o pai poderia estipular no contrato que o filho lhe seria revendido. Guardava seu poder sobre ele e, depois de recebê-lo de volta, poderia tornar a vendê-lo. A Lei das XII Tábuas autorizou esta operação até três vezes, declarando, porém, que após essa tríplice operação de venda o filho seria libertado do poder do pai (Ulpiano, *Fragmenta,* X, 1). (...) O crime cometido por um filho contra o pai não dava lugar a nenhuma ação na justiça da cidade. Se o filho submetido ao poder pátrio comete um crime, a ação é movida contra o pai. De toda a família, apenas o pai poderia comparecer perante os tribunais da cidade. A justiça para o filho, como para a mulher, não estava na cidade, porque se encontrava no lar. Seu juiz era o chefe da família, sentado como que num tribunal, em virtude de sua autoridade conjugal ou paterna, em nome da família, e sob os olhos das divindades domésticas. (...) Poderia condenar à morte, como o magistrado da cidade, nenhuma autoridade teria o direito de modificar a sua sentença. (...) Seria formar uma idéia falsa pensar que o pai tinha o direito absoluto de matar mulher e filhos. Ele era o juiz. Se condenava à morte, fazia-o apenas em virtude de seu direito de justiça. Como o pai de família submetia-se apenas ao julgamento da cidade, a mulher e o filho não podiam encontrar outro juiz além dele. No seio da família o pai era o único magistrado. A autoridade paterna não era, porém, um poder arbitrário, como os que derivam da força. Ela tinha seu princípio nas crenças que estavam no fundo das almas, e encontrava seus limites nessas mesmas crenças. Por exemplo, o pai tinha o direito de excluir o filho da família, mas sabia que se o fizesse, a família correria o risco de se extinguir, e os manes de seus antepassados cairiam no eterno esquecimento. Tinha o direito de adotar estranhos, mas a religião proibia fazê-lo, se tivesse filhos. Era proprietário único de seus bens, mas não tinha o direito de aliená-los. Podia repudiar a mulher, mas, para isso, era preciso que ousasse quebrar o laço religioso que o casamento havia estabelecido. Assim, a religião impunha ao pai tanto obrigações como direitos"(6).

Embora longa, a citação de Fustel de Coulanges nos apresenta um quadro bastante claro da situação da família, da idéia de autoridade e do pátrio poder, na mais antiga tradição indo-européia, sobrevivendo na Grécia e em Roma até os tempos de Sólon e das XII Tábuas. Eis o motivo por que julgamos oportuna sua transcrição integral.

b) A Influência da Organização Familiar: a "Polis" e a "Civitas"

Não nos capacitaremos da importância da autoridade paterna nas cidades antigas se não atentarmos para o fato de que, contrariamente ao que vem sucedendo no Ocidente a partir da Revolução Francesa, ou seja, a transferência para o Estado de um sempre maior número de tarefas, e a correspondente publicização de institutos jurídicos anteriormente da esfera privada, na Antiguidade a formação das cidades, "polis" na Grécia, "civitas" em Roma, não se fez com diminuição da esfera de poder dos chefes de família, mas através de uma verdadeira "confederação" de famílias com antepassado comum, de modo que a cidade não era, como em nossa época se pretende, uma reunião de indivíduos, mas sim uma reunião de famílias (7).

Não se concebe, com essa perspectiva, a possibilidade de se entender o poder do soberano da cidade, o rei ou "basileus", como absoluto, mas simplesmente como o de alguém que é o líder, o "primus inter pares", na assembléia dos chefes de família.

A autoridade do pai, no seio da família, era de fato e de direito absoluta, como se verificou no capítulo anterior, já a autoridade que hoje se chamaria "pública", do "Governo", do rei ou do soberano limitada, mais moral do que militar e policial.

Entende-se então melhor porque a cidade nunca teve força para revogar o estabelecido na tradição, alterando de modo substancial a estrutura da família, regulando as relações entre os membros da mesma. Seu papel limitou-se sempre a reconhecer o que já existia e era consagrado pela religião doméstica e pela prática desde tempos imemoriais.

De modo que, poder-se-ia concluir, o poder do pai não foi uma expressão em âmbito menor do poder do rei na sociedade política, como somos levados a crer, raciocinando, em termos de Antiguidade, como o fazemos em nossa época.

Antes, sucedeu exatamente o contrário. É a análise percuciente de Hanna Arendt: ao tentarem introduzir na teoria política a noção de autoridade, Platão e Aristóteles vão buscar na autoridade do pai, no seio da família, o seu modelo: "Tanto Platão como Aristóteles, embora de modo bem diferente, foram obrigados a firmar-se em exemplos de relações humanas extraídos da administração doméstica e da vida familiar gregas, onde o chefe de família governa como um 'déspota', dominando indiscutivelmente sobre os membros de sua família e os escravos de sua casa. O déspota, ao contrário do rei, o 'basileus', que fora o líder dos chefes de família e como tal 'primus inter pares', era por definição investido no poder para exercer coerção. E, contudo, era exatamente essa característica que tornava o déspota inapto para fins políticos; seu poder para coagir era incompatível não somente com a liberdade de outros, mas também com sua própria liberdade"[8].

Ao encontrar na célula familiar a autoridade absoluta do pai, tanto o autor da *Política* como o idealizador da *República* se viram a braços com um grave problema: transferir a estrutura do poder da família para a cidade, como expressão da autoridade, mas sem a fundamentação religiosa que o culto dos antepassados dava ao "Pater familias" e, ao mesmo tempo, erigir um sistema de governo absoluto, mas sem ferir o absolutismo do poder dos chefes em suas famílias respectivas. Talvez daí decorram as contradições flagrantes na *República*, ressalvada a genialidade de sua construção teórica, de um lado; o empirismo organizador a que se acaba relegando a teoria política na obra, por isso mesmo mais realista, da *Política,* do outro lado.

Sem procurarmos resolver o dilema, que nos conduziria longe demais do tema da presente obra, deixamos no entanto aqui consignado o interesse para a Teoria Geral do Estado deste capítulo do Direito Civil, desde a Antiguidade[9].

Outro não foi o intento de um Sólon, em Atenas, senão o de harmonizar poder paterno familiar e poder político. Diz-nos W.K. Lacey: "O chefe da casa ('oikos') é a cabeça da família, seu senhor ('kyrios'), seu governador, domina os escravos como seu amo, os filhos, como uma espécie de rei, a mulher, como um líder, com a diferença que ele ama os filhos, sua mulher o ama, e não há mudança, como na cidade"[10].

E prossegue, explicando: "Sólon, no interesse de toda a comunidade, estava ansioso para manter o maior número possível de casas ('oikoi') no Estado, capaz de manter o cidadão pronto para servir o Estado com sua pessoa e haveres. Na antiga Atenas, embora não 'nacionalizando' as casas ('oikoi'), procurava orientá-las para o serviço da cidade, do demo ou da frátria, antes que para o interesse dos cidadãos (pais de família) individualmente"[11].

Na Grécia clássica, informa-nos Jean Gaudemet, "a família representa um elemento constitutivo da cidade. Nesse ponto, o direito antigo da Ática confirma as opiniões que professava Aristóteles sobre as relações entre família e 'Polis'. (A cidade se forma com a federação das famílias, mas a transcende porque só ela dispõe de força suficiente para impor ao homem a virtude. *Política* 1252a.) A célula básica é a família no sentido estrito, criada pelo casamento, agrupando pai, mãe e filhos. É a casa ('oikos') ou o lar ('hestia'). Um grupo familial mais largo e que, por conseguinte, não postula mais a vida em comum é constituído pela 'anchisteia'. Ele reúne os descendentes de um mesmo trisavô, e se estende até os primos germanos. A 'anchisteia' exerce a vingança de sangue em caso de assassinato de um dos seus membros, constitui-se também num grupo sucessoral. A sucessão é transmitida entre os homens e, na sua falta, às mulheres. A 'syngeneis' é a reunião de parentes de um círculo ainda mais vasto, pois todos descendem de um antepassado comum, mas tal parentesco não tem mais aspecto jurídico"[12].

A cidade colocou limites ao pátrio poder, quando as Leis de Sólon proibiram a venda dos filhos (Plutarco, *Sólon*, 23).

Na Península Itálica, Roma, a partir da Lei das XII Tábuas, como já se viu, limita a três vezes a oportunidade de vender o filho.

Mas, substancialmente, nem a "Polis" grega, nem a "Civitas" romana ousaram tocar no pátrio poder, tal como vinha de tradição mais antiga, tal como estava estabelecido no direito costumeiro. Em Roma, os "mores majorum", o costumes dos antepassados, se expressavam em disposições de tempos imemoriais, regulando as principais instituições: o casamento, o divórcio, a vida conjugal, o pátrio poder, disposições estas que se consideravam estabelecidas pelo fundador de Roma, Rômulo, e depois por Numa, o primeiro rei e legislador.

O pátrio poder era estabelecido pelo costume, na Roma primitiva, porque "o costume era a fonte do Direito"[13].

Será no regime republicano que — por instâncias da plebe — o Direito assumirá a forma escrita. A partir de então, o direito costumeiro e a lei escrita regulamentarão, por vezes de modo competitivo e até conflitivo, as relações entre pais e filhos na "Civitas" do Lácio.

c) O Direito Romano Clássico: o Pátrio Poder e a Idéia de Autoridade na Família no Período Republicano

Cremos ser impossível compreender Roma e o Direito Romano, sobretudo no período que se estende entre a Lei Ebúcia em 126 a.C., e o reinado do Imperador Diocleciano, em 305 d.C., chamado "Período Clássico", sem atentar para o fato de que a civilização e a cultura da Urbe estiveram, nesse período, a serviço de um ideal que não era, como nas cidades gregas, o aperfeiçoamento individual, mas a grandeza de Roma, primeiro na Península Itálica, depois no Mediterrâneo e na Gália, por fim atingindo também o norte da África e o Oriente Próximo. Há uma cena antológica do filme *Spartacus* (Stanley Kubrick, 1960), na qual o senador Crasso, investido de plenos poderes pelo Senado para fazer frente à rebelião dos escravos, esclarece que aceitava o pesado encargo para salvar tudo o que Roma representava, "uma Idéia Eterna na Mente de Deus".

Embora influenciada pela cultura grega de modo bastante significativo, a cultura romana "jamais se libertará completamente do ideal coletivo que consagra o indivíduo ao Estado, jamais consentirá em renunciar a ele, nem mesmo quando a evolução dos costumes dele se distanciar, a ele se reportará sem cessar; nostálgica, esforçar-se-á periodicamente por voltar a ele, bastando lembrar o esforço de restauração moral feito no tempo de Augusto, quando Horácio cantava 'Dulce et decorum est pro patria mori' (*Odes,* III, 2, 13): "É doce e belo morrer pela pátria"[14].

Só poderemos entender perfeitamente o Direito Romano se tivermos bem presente o "espírito do povo romano", expressão tão perigosa quanto significativa. Sem tal noção não poderemos entender como os fortes laços familiares, que provinham de situações primordiais, e resistiam à vida urbana, como vimos no item anterior, começaram a ceder e mesmo a se romper, diante de uma força catalizadora mais forte, a necessidade de levar as águias romanas a abraçarem toda a península e depois fazer do Mediterrâneo um "Mare Nostrum"[15]. E isto por quê?

Niklas Luhmann nos diz que "existem povos conscientes juridicamente de modo notório, amantes da honra e da disputa, e outros que consideram a vida pacífica, o bom entendimento mútuo e o ceder como expressão máxima das virtudes: 'Some like litigation, and some don't', comenta um etnólogo, sem contudo tentar dar uma explicação dessa discrepância acentuada"(16).

Os romanos se classificariam entre os primeiros, obviamente.

Se Roma desenvolveu tal espírito belicoso, o Direito Romano se estruturou de modo a não deixar as expectativas dos cidadãos fraudadas pelo comportamento discordante, criando a institucionalização das expectativas. Vale dizer, a "Civitas" rompeu com o sistema arcaico, em que predominava o parentesco, a diferenciação segmentária e as expectativas concretas, da Roma primitiva, e passou para o sistema social pré-moderno, em que prevalecem a cidadania e a diferenciação funcional, ainda que imperfeita, rumo a uma institucionalização das expectativas.

Neste contexto, poder-se-á entender o papel social do pretor e do juiz, como institucionalização de um consenso de terceiros, antes inexistente sob tal forma, e a estruturação do Direito Romano Clássico como programa ou regra das decisões, separando cada vez mais, em um processo de complexidade crescente, o "jus" (Direito Civil) do "fas" (Direito Sagrado) e punindo de modo severo e exemplar o comportamento discordante, sem tentar entendê-lo, pois a expectativa não era cognitiva, mas sim normativa, de modo a realizar o ideal de educação, de e para o Estado Romano(17).

O pátrio poder se modifica, perdendo sua força, no período das conquistas romanas. O direito de matar o filho não é mais reconhecido, pois já diz o jurisconsulto Ulpiano que "Patria potestas in pietate debet, non in atrocitate consistere". (*Digesto*, 49, 9, 5) = "O pátrio poder deve consistir não na atrocidade mas sim na piedade (para com o filho)".

Se um "filius familias" entra para o exército, para a carreira das armas, poderá dispor de um pecúlio, formado pelo que seu pai lhe der e mais o que ganhou como soldado (soldos, despojos de guerra etc.). Tem-se assim o chamado "peculium castrensis", em função das conquistas romanas.

Se o pai inflige ao filho maus-tratos, pode este defender-se com o recurso "extra ordinem". Se o pai abandona filho menor, pode ser punido com a pena capital, só se admitindo o direito de vender em caso de extrema penúria do pai[18].

Vê-se claramente a intenção de tais dispositivos legais do Direito Romano clássico: salvaguardar a vida e a incolumidade física de seus futuros soldados e funcionários, diminuir o poder do "pater", na proporção em que cresce o do Estado Romano, percebendo uma repercussão política e econômica notáveis da idéia absoluta de autoridade do pai, como estava na tradição primordial, e procurando diminuir seus efeitos.

d) Principado e Dominato: Reflexos na Família

Hannah Arendt, na obra supracitada, esclarece o espírito que presidiu às conquistas romanas. Ela nos diz que "no âmago da política romana, desde o início da República e, virtualmente, até o fim da Era Imperial, encontra-se a convicção do caráter sagrado da fundação, no sentido de que, uma vez alguma coisa tendo sido fundada, ela permanece obrigatória para todas as gerações futuras. Participar na política significava, antes de mais nada, preservar a fundação da cidade de Roma. Eis a razão por que os romanos foram incapazes de repetir a fundação de sua primeira 'Polis' na instalação das colônias, mas conseguiram ampliar a fundação original, até que toda a Itália e, por fim, todo o mundo ocidental estivesse unido e administrado por Roma, como se o mundo inteiro não passasse de um quintal romano. (...) A palavra pátria deriva seu pleno significado da história romana. (...) A fundação de Roma — 'tanta molis erat Romanam condere gentem', como Virgílio resume o tema constante da *Eneida,* que todo o sofrimento e vaguear atinge seu final e objetivo 'dum conderet urbem' — essa fundação (...) forma o conteúdo profundamente político da religião romana"[19].

A passagem da República para o Principado, com Augusto, em 30 a.C., não representa uma ruptura com tal concepção. Possuindo o poder (a "potestas"), depois da liquidação de seu rival Marco Antonio em Actium, que lhe era reconhecido pelo povo romano como herdeiro (e "vingador") de Júlio César, Otávio Augusto vai procurar a autoridade (a "auctoritas"), que só o Senado lhe pode conceder, como encarnação da velha Urbe. Já dissera Cícero: "Cum potestas in populo, auctoritas in Senatu sit", no seu tratado *De Legibus* (III, 12, 38). Concedeu-lhe então o Senado o título de supremo magistrado da República, "Princeps" e o de Sumo Pontífice do culto, "Summum Pontifex", e assim teve ele autoridade e poder para governar a República, ou seja, "Senatus Populusque Romanus". Quanto ao título de imperador, "Imperator", já o possuía, por seu cargo, desde as tratações do II Triunvirato, de supremo chefe das forças militares da Itália. Como se sabe, o termo passará a ter com o tempo um sentido eminentemente político, ligado à idéia de monarquia, mas no início do governo imperial romano tal não era a sua significação, tanto que um dos maiores problemas foi o da sucessão por morte do imperador, dando origem a litígios contínuos entre as várias estirpes que disputavam o poder, para depois pretender a "auctoritas" que lhe dava o Senado. Assim foi, desde Augusto até a ascensão de Vespasiano, que inaugura o sistema hereditário. O episódio picaresco da "nomeação" do cavalo de Calígula para o Senado contribuiu, sem dúvida, para nos dar uma idéia falsa da importância dessa magna assembléia, que era a continuação da Urbe. Não perdeu ela sua função ritual de transmissora da autoridade, desde que esta passou do fogo sagrado dos deuses lares da religião doméstica à pira do templo de Vesta, simbolizando a fundação da cidade, apesar da atitude de um demente, aliás deposto em seguida.

Augusto e todos os imperadores da dinastia Julia (se é que se pode falar em "dinastia" em caso de designação do sucessor e não de linha hereditária) se apresentam como restauradores das tradições antigas, perdidas com a crescente influência grega e do Oriente Próximo.

Não é por mera coincidência que na época de Augusto o

poeta mantuano Virgílio escreve o poema sobre as origens de Roma, a *Eneida*, que é edificado o templo para todos os deuses da Urbe, mesmo os mais esquecidos, o "Pantheon", que o historiador Tito Lívio escreve a história dos anais de Roma (*As Décadas*), que começava a ganhar corpo o culto à "deusa Roma", ou seja, um culto à cidade como emanação divina.

Tudo isto não se passou sem um retorno gradativo aos antigos costumes em matéria de poder do pai no seio da família, mas Gaudemet comenta que "os costumes ancestrais são admitidos sempre que não se oponham à ordem jurídica romana. Sem serem formalmente proscritos, os usos e costumes locais tiveram de suportar a concorrência do Direito Romano, e a superioridade técnica deste favoreceu seu triunfo em certos domínios. (...) Será no entanto preciso que Diocleciano se oponha com múltiplas constituições à sua penetração no Direito Romano"[20].

É deste modo que se pode compreender como o poder do "pater" foi restaurado, devolvendo-se-lhe o direito de dispor dos bens e da pessoa do filho, como nos bons tempos dos primórdios, mas nunca a ponto de poder matar ou vender o filho, pois este não é seu escravo, é cidadão de Roma, e há todo um ordenamento jurídico, constantemente enriquecido por obra dos pretores, no exame dos casos concretos, no sentido de lhe garantir a vida e a incolumidade física, ficando perfeita e racionalmente delimitados os poderes do pai, como gestor dos seus bens e guarda de sua existência.

É no Baixo Império, no período que se estende desde a ascensão de Diocleciano até a morte de Justiniano, já no Império Bizantino, entre 284 d.C. e 565 d.C., que se desenrola a última fase do Direito Romano, a chamada época do Dominato. Fica abolido o sistema processual "formular", ou "per formulas", e se adota o sistema extraordinário, "extra ordinem".

Este longo período é marcado pelos Editos de Constantino e de Teodósio, em 312 e 395, que tornam o Cristianismo religião oficial do Estado Romano. Observa Gaudemet que "a aparição da Igreja Cristã introduz na vida política romana um dado novo e que o problema que ela criará ficará sendo, daí por diante, o de todos os Estados ocidentais. Nos Estados antigos, a religião era sempre associada ao poder público. As coisas mudam totalmente com o Cristianismo. A amplitude que tomou a nova religião, graças ao proselitismo de seus primeiros adeptos, a organização da Igreja como sociedade, tendo suas regras e suas instituições próprias, a vontade de seus pastores e de seus doutores de fazer respeitar certos princípios de Moral, e portanto de vida social, colocaram muito depressa o problema fundamental e difícil das relações entre sociedade religiosa e sociedade civil"[21].

O Cristianismo vai trazer uma concepção nova das relações entre o indivíduo e o Estado. De um lado, um critério inédito até então, sobre as relações familiares. Não criando uma nova legislação, propriamente, o seu papel residiu sobretudo em dar uma nova interpretação às leis antigas, segundo um estado de espírito diverso do que presidia à compreensão de tais questões no Império de Roma, e, em certo sentido, em toda a Antiguidade.

Por outro lado, com ele se reforçarão sobremodo as idéias de "direito natural", já cultivadas e difundidas pela escola estóica, agora dotadas de uma maior potencialidade, graças ao aproveitamento da "paidéia" grega pelos primeiros polemistas e filósofos cristãos [22].

Fica reforçado, em matéria de pátrio poder, o princípio de que "debet in pietate non in atrocitate consistere", proíbe-se a venda do filho, sua morte ou entrega a um credor, o "jus noxae dandi", não se admite mais o "jus vitae ac necis", pois o ensinamento do Apóstolo das Gentes convida ao amor mútuo entre pais e filhos, como entre esposos[23]. O poder do pai sobre o filho se expressa no Decálogo mosaico, que chega ao Ocidente com o Cristianismo, mas os pais não devem "irritar seus filhos" (sic), segundo pondera o apóstolo Paulo (Colossenses, 3, 21).

O sacerdócio, desde então, é exercido pelo clero, e com isto a autoridade paterna perde seu caráter arcaico, sacral, resquício do culto dos antepassados, que datava da tradição primitiva.

Talcott Parsons reconhece que "uma razão básica para a adoção final do Cristianismo como religião do Estado foi a necessidade de legitimidade cultural do Império, a qual não poderia ser dada pela antiga cultura religiosa, pois a nova religião tinha potencialidade para preencher essa lacuna. No entanto, a religião cristã, no seu primeiro estágio de desenvolvimento, era por demais atemporal para auxiliar na integração de qualquer sociedade, e foi uma força antes desagregadora da sociedade romana; no segundo momento, ela se enxertou na sociedade romana, esperando uma profunda regressão do mundo romano para poder crescer como a estrutura de uma nova sociedade, atualizando seu potencial de legitimação e regulamentação de um mundo novo" [24]. E Hannah Arendt completa: "O vigor e a continuidade extraordinários desse espírito romano submeteram-se a um teste decisivo, reafirmando-se indiscutivelmente, após o declínio do Império Romano, quando a herança política e espiritual de Roma passou à Igreja. Confrontada com essa tarefa mundana bem real, a Igreja tornou-se tão 'romana' e adaptou-se tão completamente ao pensamento romano em matéria de política que fez da morte e ressurreição de Cristo a pedra angular de uma nova fundação, erigindo sobre ela uma nova fundação, uma nova instituição humana de incrível durabilidade"[25].

Na matéria que nos interessa mais de perto, pode-se observar a permanência das características essenciais do casamento romano no casamento católico, sobretudo na ênfase dada ao aspecto fecundidade. Santo Agostinho, no IV século, dirá que a prole é a principal meta da instituição, em que segundo sua enumeração "proles, fides, sacramentum", aparecem também o lado místico e o lado contratual.

Em contrapartida, os motivos para o incremento da "pietas" do pai para com os filhos deixam de ser sua cidadania romana ou sua serventia para o exército de uma Urbe, para serem sua dignidade de remidos por Cristo e de membros de uma Igreja cujo poder se coloca desde cedo como acima do poder dos reis e imperadores, primeiro teoricamente, depois, na era medieval, de modo concreto, como veremos.

Em síntese, poderíamos dizer que o fato que estabelece um marco divisório na concepção do pátrio poder na Antiguidade, abrindo caminho para novas maneiras de o fundamentar e justificar, a última das quais, como se viu, foi, historicamente, a cristã, foi o aparecimento do Estado.

O pátrio poder sofre sua primeira grande alteração substancial com a Cidade-Estado, e isto não só pelas razões conhecidas que advêm da vida em comum, com outras famílias etc., mas também pelo surgimento de um novo sistema garantidor da estabilidade das relações familiares, o Direito.

Na família arcaica, da tradição primordial das cidades gregas e italianas, o fundamento da "patria potestas" era o culto dos antepassados. Dele tirava o pai a "auctoritas", sem a qual a "potestas", como explicou H. Arendt, era simples poder de fato, não legítimo.

Com a fundação da "Polis" e a da "Civitas", paulatinamente vai se impondo um outro critério, as relações do indivíduo com o Estado. É por esta razão, como se viu, que o pai vai perdendo seus poderes discricionários, vai sendo incumbido pelo Estado de um dever, o de educar, o de guardar, o de cuidar dos bens do futuro cidadão de Atenas ou de Roma. Tais relações são reguladas por um sistema que procura, na terminologia de Niklas Luhmann, reduzir a complexidade crescente na sociedade, o direito, o "jus", "jus civile". O sistema do "jus civile" buscava resolver a complexidade da sociedade romana, em que, ao lado dos patrícios, para quem a religião doméstica tinha um significado, estavam os plebeus, para os quais não havia que falar em culto dos antepassados. Depois de muitos atritos e revoltas da plebe, como se sabe, chega-se a um reconhecimento de sua existência por parte da Cidade. Vem então o Direito Civil Romano estabelecer as normas que deveriam ser seguidas por todos, e, na questão que nos interessa, vem estabelecer em bases independentes da religião doméstica as leis que regulam o pátrio poder.

Vemos, então, que o Direito apareceu, na Antiguidade romana, para exercer a função de redução da complexidade originada pelo próprio desenvolvimento da Urbe, facilitando as interações entre os cidadãos romanos de estirpe patrícia, entre si e com os plebeus(26).

NOTAS DO CAPÍTULO I

(1) Numa Dénis Fustel de Coulanges — *La Cité Antique.* Paris, 1881, 9ª ed., Hachette, p. 93.
(2) Émile Benveniste — *Le Vocabulaire des Institutions Indo-Européennes. Vol. I: Economie, Parenté, Société.* Les Éditions de Minuit, Paris, 1969, pp. 209-211 e 271.
(3) Fustel de Coulanges — *Op. cit.,* p. 96.
(4) *Ibid.,* p. 58.
(5) *Ibid.,* p. 96.
(6) *Ibid.,* pp. 98-103, estando entre parênteses no texto as fontes que Fustel de Coulanges cita em notas de rodapé.
(7) *Ibid.,* p. 145.
(8) Hannah Arendt — *Entre o Passado e o Futuro.* Ed. Perspectiva. São Paulo, 1972, 2ª ed., pp. 143 e 144.
(9) V., por exemplo, Yves Simon — *Filosofia do Governo Democrático.* Ed. AGIR, Rio, 1955: "a função paternal da autoridade" (pp. 15 e seg.) José Pedro Galvão de Sousa — *Iniciação à Teoria do Estado.* Ed. Revista dos Tribunais, São Paulo, 1976, 2ª ed., "formação da sociedade política" (pp. 7 e seg.).
(10) W. K. Lacey — *The family in Classical Greece.* Thomas and Hudson, Londres, 1968, p. 21.
(11) *Ibid.,* pp. 85 e 99.
(12) Jean Gaudemet — *Institutions de l'Antiquité.* Recueil Sirey, Paris, 1967, p. 205. Mais especificamente sobre as relações entre família e cidade em Aristóteles, pp. 200 e 201.
(13) *Ibid.,* p. 381.
(14) Henri Irénée Marrou — *História da Educação na Antiguidade.* Ed. Pedagógica e Universitária, São Paulo, 1975, pp. 357 e 358.
(15) A conquista da Itália foi de 509 a 270 a.C. A vitória sobre sua rival, Cartago, em 146 a.C. A ocupação da orla mediterrânea se dá entre 202 a.C. e 30 a.C. A Gália é ocupada entre 150 e 50 a.C.
(16) "O Direito como Generalização Congruente" *in Sociologia e Direito* de Cláudio Souto e Joaquim Falcão, pp. 159-167 da edição da Livraria Pioneira Ed., São Paulo, 1980.
(17) A terminologia é a de Niklas Luhmann, Cf. Alberto Febbrajo: *Funzionalismo Strutturale e Sociologia del Diritto nell'Opera di Niklas Luhmann.* Milão, Giuffrè Ed., 1975.
(18) Ebert Chamoun — *Instituições de Direito Romano.* Rio de Janeiro, Editora Forense, 1968, 5ª edição, p. 132.
(19) Hannah Arendt — *op. cit.,* pp. 162 e 163.
(20) Jean Gaudemet — *op. cit.,* pp. 571 e 572.
(21) *Ibid.,* pp. 685 e segs.
(22) Werner Jaeger — *Cristianismo Primitivo y Paideia Griega.* México, Fondo de Cultura Economica, pp. 12-23, da edição de 1971.
(23) Mais precisamente, Castán Vazquez vê a influência das Epístolas paulinas. Cf. *La Patria Potestad.* Editora Revista de Dercho Privado, Madri, 1960, pp. 24 e seg.
(24) Talcott Parsons — *Sociedades: Perspectivas Evolutivas e Comparativas.* São Paulo, Editora Pioneira, 1969, p. 148.
(25) Arendt, *op. cit.,* pp. 167 e 168.

(26) Fustel de Coulanges disserta longamente em sua obra *(La Cité Antique,* cit.) sobre as várias adaptações por que vão passando a sociedade e o direito antigos à medida que a plebe assume uma atitude de reivindicação de seu lugar na Cidade. É Niklas Luhmann quem vê no Direito, como resume Tércio Sampaio Ferraz Jr., um sistema social, em que se reduz a complexidade do mundo circundante. (Cf. *Função Social da Dogmática Jurídica.* São Paulo, Editora Revista dos Tribunais, — 1981, p. 9, nº 10. A procedência das asserções de Luhmann nos parecem comprovadas no momento histórico que analisamos, vale dizer, o Direito se desenvolve, ganha corpo e se torna uma ciência na qual se notabilizam os jurisprudentes porque é uma necessidade para a vida romana sua independência da religião, o que nos diz também Max Weber em sua obra *Economia e Sociedade.* México, Editora Fondo de Cultura Econ., 1964, pp. 598 e 599 do vol. I da 2ª edição em espanhol.

Capítulo II

O Pátrio Poder e a Idéia de Autoridade na Cristandade Medieval

a) O Cadinho Medieval

Como longa época histórica em que se destilam lentamente o Direito e o Estado modernos, a Idade Média apresenta uma curiosa mescla de continuidade e de mudança. Continuidade, se atentarmos para o fato de que, como nos explica Hannah Arendt, a Igreja Católica absorveu grande parte da filosofia antiga, sobretudo a de origem platônica, para desenvolver sua teologia dogmática em bases racionalmente aceitáveis, por necessidade apologética; aproveitou os institutos do Direito Romano, romanizando-se para construir seu Direito Eclesiástico; e, além da visível instrumentalização do latim clássico em sua bela liturgia gregoriana, assumiu, com conteúdo radicalmente diverso, a tríade romana da religião, autoridade e tradição, repetindo-as na sua fundação, reclamando para si a autoridade e deixando o poder para os príncipes[1].

Mas, ao mesmo tempo, a Idade Média é época de profundas mudanças. Mudanças, se lembrarmos o fato histórico inédito na Antiguidade Ocidental e Oriental da existência de uma Igreja não subordinada ao poder temporal. Como mostrou sagazmente H. Arendt, a Igreja "reclamou para si a autoridade que antes estava com o Senado"[2], mas na opinião de Julius Évola, notável pesquisador dos aspectos culturais e religiosos de Roma, "uma profunda ruptura se verificou quando se reivindicou uma origem divina para o poder temporal, subordinando-o ao espiritual e eclesiástico, resultante da dicotomia já estabelecida nas mentes, da diferença entre 'questões de consciência' e 'questões políticas', reforçando o individualismo e subjetivismo com a idéia de salvação individual, mais importante do que o bem comum coletivo, temporal" [3].

Esta dicotomia é o pano de fundo da Era Medieval: "É preciso obedecer mais a Deus (entenda-se, quase sempre, 'à

Igreja') do que aos homens"(entenda-se, sempre, "do que aos príncipes"). Ela vai explicar porque o Direito Canônico se desenvolve independentemente do Direito Civil, o Processo Inquisitorial, os Tribunais e Santos Ofícios Eclesiásticos ignorando a justiça feudal, primeiro, depois a justiça real.

Se a isto somarmos a inegável interpenetração do Direito Romano com os usos e costumes germânicos, na elaboração do Direito Visigótico, a posterior influência do Direito Muçulmano, sobretudo na Península Ibérica, que tanto nos vai afetar, teremos uma idéia da tremenda complexidade que oferece a Era Medieval, para o estudioso, e, em certo sentido, podemos supor que oferecia também para quem, naqueles tempos recuados, pretendesse criar condições de uma interação entre as pessoas. Este o problema que teve de enfrentar o jurista medieval, para resolver os casos à luz de tantos ordenamentos jurídicos diferentes. Talvez isto explique o gosto pela controvérsia e pela interpretação chicaneira no mundo jurídico... até nossos dias.

Ora, Luhmann tem do Direito, como já se viu, uma idéia de sistema que reduz a complexidade do mundo circundante, para facilitar as interações entre pessoas. Teria o Direito na Era Medieval escapado a essa regra? Na classificação de Luhmann[4], a Idade Média se situaria como uma sociedade em transição para a Era Moderna, em que cada vez mais se afirmam as diferenças com base funcional (as três classes ou "estados": clero, nobreza e povo), comportando divisões e subdivisões funcionais específicas: clero secular e clero regular, nobreza de espada e nobreza de toga, burguesia e artesãos, corporações variadas, ordens de cavalaria, universidades. Nessa sociedade pré-moderna os papéis sociais, já existentes na "Polis" antiga, se multiplicam: o papa, o imperador, o barão, o burgomestre, o bispo, o pároco, o juiz, o "sheriff", o capelão etc. Ainda na terminologia de Luhmann poder-se-ia falar em desdobramentos de programas: as máximas da moral eclesiástica, os princípios do Direito Romano, do Canônico, os usos e costumes visigóticos mais ou menos condensados nas "Ordenações", que surgem com o despontar do papel de rei. Na complexidade crescente dessa sociedade não há lugar para explicar o comportamento desviante, mas para detectá-lo (processos inquisitoriais e judiciários) e puni-lo como heresia (comportamento desviante perante a Igreja) ou como delito (comportamento desviante perante o poder temporal).

A sociedade medieval institucionaliza os papéis sociais nos quadros da Igreja, do Sacro-Império, dos Burgos e das Corporações e, nesse contexto, o Direito apresenta uma redução da complexidade do mundo circundante na medida em que as leis romanas remanescentes, os costumes germânicos, os privilégios corporativos correspondem a uma expectativa normativa e, desde Santo Agostinho, não mais se espera das leis senão a manutenção da ordem e da paz social na "Cidade do Homem".

Michel Villey mostra em seu *La Formation de la Pensée Juridique Moderne*[(5)] o caráter das colocações de Santo Agostinho: partindo da idéia de que a "Cidade do Homem" está sob a lei do pecado, nela não se pode pretender a justiça plena, própria da "Cidade de Deus". A obediência às leis feitas pelo homem não resulta de seu acerto ou justiça essencial, que só se encontram na lei feita por Deus, tal como aparece na natureza, na Lei Mosaica e no Evangelho, a obediência às leis positivas e humanas resulta da necessidade da boa ordem e segurança social. E, para Agostinho, não se deve buscar uma legitimidade absoluta para o poder humano, pois, submetido ao tempo, ao curso da História, o homem aceita como providencialmente querido ou permitido por Deus este ou aquele sistema de governo, sem discutir.

Em termos luhmannianos, diríamos que a expectativa perante o Direito da época só poderia ser normativa, pois a expectativa cognitiva se reservava para as leis divinas: a natural, a mosaica e a cristã.

Era o reconhecimento do Direito como um sistema que visava à ordem social, reservando-se para as leis divinas, bíblicas e evangélicas a consecução da justiça: "a justiça a Deus pertence".

Era a afirmação do Direito como sistema que se propõe

reduzir a complexidade do mundo circundante, os anseios de justiça, a interpenetração da moral cristã no Direito Romano, a conciliação de tradições e costumes diversos com a tradição romanística etc.

Eis por que a Era Medieval se nos apresenta como verdadeiro cadinho em que se forma o mundo moderno.

Antes de passarmos para a análise do direito de família e do pátrio poder no Direito Visigótico e no Direito Canônico, resta lembrar que a Escolástica, de Abelardo, no século XI a Santo Tomás de Aquino, no século XIII, pretenderá, com base em Aristóteles, defender a possibilidade de se alcançar a justiça natural, com leis humanas. Trata-se de um esforço em que se valoriza o humano, que prosseguirá até o Humanismo e a Renascença, mas que não conseguirá suplantar a tradição agostiniana, que se perpetuará com o Franciscanismo, a Reforma e, através de Suárez, com a Contra-Reforma e o voluntarismo jurídico do "Ancien Régime" que, como Bossuet, tem no autor da *Cidade de Deus* seu substrato ideológico[(6)].

b) O Direito Visigótico

Para se ter uma idéia clara da importância do pátrio poder e da família na Era Medieval, é necessário lembrar que o Estado, tal como o conhecemos hoje, como única fonte do Direito Positivo, único aparelho com poder de exercer coação e aplicar sanções, como detentor da soberania da nação, falando em seu nome de modo incontrastável, não havia nessa época.

Daí o papel desempenhado pela família patriarcal, muito mais ampla que a atual, recebendo a denominação de "mesnada", "grei", compreendendo não só os pais e os filhos, como na família moderna, mas também os cônjuges e descendentes dos filhos, os domésticos e agregados, os irmãos mais novos do "pater" etc. Isto se deveu em grande parte à desagregação do Império Romano do Ocidente, restaurado por algum tempo por Carlos Magno, com a onda das invasões de *vikings* e normandos pelo norte e sarracenos e mouros pelo sul. Daí terem surgido as condições para o regime feudal, com a autoridade concentrada em patriarcas locais, ciosos de sua independência perante qualquer poder centralizador de um Estado. "Trata-se de um rei em miniatura, que 'reina' sobre seus filhos e agregados. Ele é chamado 'sire' (senhor) e sua esposa recebe o título de 'dame' (senhora), a família sendo uma pequena 'pátria' (terra dos pais)" [7]. Uma semelhança notável com a estrutura da sociedade grega ou romana, antes da "Polis". Régine Pernoud lembra o contraste entre a família na Cidade-Estado e na época feudal: "A sociedade medieval era composta de famílias, a sociedade na 'Polis' de cidadãos. O indivíduo tem o primado na vida pública na Cidade ('cives'), votando, legislando, participando nas assembléias e comícios. Na vida privada é o 'dominus', o proprietário, o senhor absoluto de seus bens, da vida de seus filhos e de sua mulher, tem sobre eles, como sobre seus escravos, o "ius utendi et abutendi", a família vive através da personalidade do pai, chefe militar e sacerdote, com direito até de praticar o infanticídio... Nada desta concepção subsiste na Idade Média. O que agora importa não é o indivíduo mas o grupo ('la lignée'). Daí a preponderância da vida privada sobre a vida pública. O direito de propriedade não era do indivíduo mas da família, o bem familiar, o solar, cujo usufruto é detido pelos membros dela, mas não podendo ser alienado pelo seu chefe"[8].

É preciso ter presente tudo isto para se entenderem as disposições do Direito Visigótico. "Abrangendo no seu conjunto as disposições da lei visigótica que se referem ao conteúdo do poder paternal (sic), verifica-se que este poder, longe de ser o senhorio absoluto, pressupõe a consideração do interesse dos filhos. É certo que, nos preceitos da 'lex antiqua' é a idéia de poder — 'potestas' — que sempre ocupa o primeiro plano, sendo a autoridade do pai olhada principalmente pelo lado do seu direito e a situação correlativa do filho como uma situação de sujeição, mas isto não significava que os visigodos tivessem da 'patria potestas' o mesmo conceito que corresponde a essa expressão no Direito Romano da Era Clássica, pois implica deveres para com os filhos e proteção de seus interesses ('cura erga filiorum utilitatem')[9]". A "Lex Romana Visigothorum" já fala claramente em um "officium" do pai para com o filho, isto é, um dever. O "*Fuero Real*" admite limitações do poder do pai e a *Ley de las Siete Partidas*, temendo uma identificação com o conceito romano clássico, define: "ligamiento de reverencia, e de subieción, e de castigamiento, que el padre debe a su hijo" (*Partida IV*, Tít. 17, Lei 3). "El castigamiento cruel" é punido com a perda do pátrio poder (*Ibid*. t. 18, l. 18).

Da tradição latina conservou-se o que vinha favorecer ao filho, como o "peculium".

A idéia de autoridade, pois, correspondia não à de um senhor absoluto, como no Direito Romano clássico, que privilegiava o indivíduo, mas à um organizador, de um coordenador das atividades, privilegiando o grupo familiar.

Tanto isto é verdade que, como ampliação dessa idéia de autoridade limitada, "temperada", se chega à idéia de "rei", papel social desempenhado pelo árbitro nas questões entre senhores feudais, como uma espécie de "pater-familias maior": "O governo monárquico tira sua origem do governo paterno, a família serve de modelo para a nação. Como aquela tem um chefe, esta também tem um, que é o rei. Assim raciocinam os teóricos do poder real, até o século XVII"(10).

E, às vésperas da Revolução Francesa, conta-nos F. Funck-Brentano, o rei de França enviava para a Bastilha um nobre acusado por sua mulher e filhos de "débauche", quando ainda questões familiares eram "questions d'État"(11).

Cabe-nos observar o "funcionamento" do sistema de leis medievais. Imprescindível para a compreensão do Direito Visigótico é sua característica marcante de direito histórico, que se justifica por ser o tradicional, o costumeiro, o herdado dos antepassados germânicos, ao entrarem em contato com a civilização e a cultura de Roma. Não é mais a pura tradição da Era Clássica, mas é a tradição romanística.

Está em Santo Agostinho, mais precisamente na *Cidade de Deus*, como já se disse aqui, a justificativa do direito humano-positivo, por sua "providencialidade", por ter sido historicamente o caminho escolhido e/ou permitido por Deus, para realizar seus desígnios.

É um direito histórico, que não se justifica com a idéia de

realizar a justiça, com perguntas do tipo: "Como poderiam ser mais justas as relações entre pais e filhos?" ou "Que direito tem o pai a ter autoridade sobre os filhos?" Isto se indaga em controvérsias de moral familiar, nunca em questões jurídicas.

O Direito é já então claramente um sistema social que reduz a complexidade do mundo circundante. Está posto pela tradição, pela história, e tem a seu favor a antiguidade e a respeitabilidade das gerações que passam e o cumprem, com expectativas normativas. Daí as peculiaridades do pátrio poder serem típicas de direito costumeiro, que atenua os rigores de uma lei originalmente romana, com medidas inspiradas no Cristianismo, de "pietas", de "caritas"e "benevolentia".

Não se pergunta então "como poderia ser" mas "como vinha sendo desde tempos remotos".

Ao mesmo tempo é um sistema, pois se entrelaçam as normas do casamento indissolúvel com as do pátrio poder, as da guarda e educação dos filhos, com as da livre administração de seus bens, desde que em seu benefício. Isto corresponde a uma certa concepção do poder na esfera política do feudalismo, como se verificou, poder arbitral mas indiscutível, correspondente a um papel social. É um sistema que engloba questões de natureza privada com assuntos de caráter eminentemente público, reduzindo a complexidade das diferentes legislações romanas, germânicas, canônicas, a um sistema de normas que regulam as relações entre as pessoas desde a família até a grei e o município, daí até o condado e por fim até o reino. Por isto é que há uma afinidade tão grande entre instituições de Direito Privado e de Direito Constitucional na Era Medieval, numa interpenetração total que sacrifica as distinções (ao menos na prática), para reduzir a complexidade de uma sociedade que não tem um Estado, como existirá depois, e em que a tendência de se insinuar nas questões meramente humanas e temporais das verdades evangélicas atinge nível máximo. Uma e outra razão de complexidade maior se reduzem bastante, com a limitação das questões religiosas à moral e ao Direito Canônico, de um lado, com a afirmação de um Direito Civil, independente das considerações de ordem religiosa, com todas as atenuações que a palavra "independente" deva ter na Era Medieval, mas cujo senso prático e realismo não deixaram de coexistir, juntamente com os arroubos de misticismo.

Aliás, os primeiros passos da teoria jusnaturalista na Era Medieval, sobretudo em matéria de família e de pátrio poder, virão exatamente para reforçar o caráter "laico" das instituições de Direito Civil, que não precisariam socorrer as noções de ordem moral e religiosa, pois era um sistema que se bastava a si mesmo.

É o que se vê ainda em um Santo Tomás de Aquino, por exemplo, afirmando o que Villey chama de "laicidade do direito natural".

Com o andar dos anos, sem dúvida por influência do neo-estoicismo do final da Idade Média, que prepara o Humanismo renascentista, o que era um método de pesquisa da "natureza das coisas" se torna um determinado código de direitos fundamentais, racionalmente explicáveis, desde logo assimiláveis aos "princípios do Cristianismo", interpenetrando agora as máximas do Direito Civil de idéias filosóficas e sobretudo éticas de sabor estóico, procurando uma "justiça natural" no Direito Positivo, e a longo prazo pretendendo que o Direito não seja somente um sistema que busca a ordem e a paz social, mas a realização da justiça, de acordo com modelos que mesclam inspiração cristã evangélica, natureza racionalmente entendida e controlada, direitos individuais, enfim, modelos ecléticos que triunfarão até a crítica de Kant, no século XVIII, que os submeterá a rigorosa revisão, reservando para o Direito a modesta mas sólida posição que lhe assinala uma razão prática[(12)].

Pois bem, esta visão da "laicidade do Direito Civil", vale dizer, sua autonomia como sistema, já estava reconhecida nas Universidades medievais, que nunca pretenderam mesclar Civil e Canônico, o que se pode perceber pelos diferentes concursos a que se submetem os que pretendem ser doutores em ambos: "utraque jura".

Não havia, pois, como confundir o Direito Civil com a Teologia ou a Moral, de acordo com a distinção que vinha de

Santo Agostinho, e isto fazia do Direito Visigótico feudal um sistema de redução de complexidade.

c) O Direito Canônico

A existência de dois ordenamentos jurídicos distintos, o civil (visigótico) e o canônico ou eclesiástico, espelham a situação vivida na Idade Média, quando se reconheciam o poder temporal, primeiro dos senhores feudais e depois dos reis, e o poder espiritual da Igreja Católica, oficialmente reconhecida como a única cristã.

Se, como vimos, o Direito Visigótico era um sistema, no sentido luhmanniano, o mesmo se poderia dizer do Canônico. A dificuldade está na coexistência de dois ordenamentos, como se fossem dois critérios de análise da mesma realidade.

Assim, em matéria de pátrio poder, a origem do instituto era o casamento, ao mesmo tempo sacramento e contrato civil entre cônjuges.

Jacques Leclerc esclarece(13) que, perante o Direito Canônico, exatamente por se tratar de um sacramento para a Igreja e para todos os católicos, o importante era a validade do ato constituinte, constitutivo do casamento. Isto porque só os casamentos válidos eram sacramentados na Igreja, com as cláusulas de indissolubilidade, comunhão de bens, mútuos deveres entre esposos e poder sobre a prole eventual. Já para o Direito Civil, o que importava era a instituição de uma célula social nova, de uma família juridicamente constituída, capaz de produzir efeitos na ordem civil, como filiação, adoção, herança, co-propriedade, composse, doação, usufruto etc. em que aqui destacamos o pátrio poder sobre os filhos.

O Direito Canônico sentenciava no seu cânon 1081: "O casamento é o contrato pelo qual o homem e a mulher se dão um ao outro e recebem um do outro o direito perpétuo e exclusivo sobre seus corpos (sic), tendo em vista os atos que tendem de per si à procriação".

Já para o Direito Visigótico, como refere Clóvis(14), a importância maior era dada à instituição da família, admitindo inclusive, nos primeiros anos do século XI ainda, casamento não sacramentado, com o consentimento dado pelas respectivas famílias, como contrato civil entre os patriarcas; o casamento por simples consentimento dos cônjuges de viverem como casados e o casamento regido pelo Direito Canônico, sacramentado no templo. No Brasil, só persistirá esta última forma, por obra do Concílio de Trento, no século XVI, que influiu no ordenamento civil, pela idéia de primado da Igreja que então se afirma.

Isto provocava situações de grande complexidade: o sacramento, na Era Medieval, era essencial ao casamento canônico, não ao casamento com o consenso familial. Seriam os filhos reconhecidos como legítimos, numa época em que ilegitimidade excluía da herança, se o casamento, realizado por acordo das famílias, não fosse referendado pela Igreja? O mero consentimento entre cônjugues dava situação jurídica a uma família? Onde ficariam então, no primeiro caso a união entre espiritual e temporal e, no segundo caso, a noção de "mesnada"e "grei"? Onde a catolicidade, no primeiro exemplo, e a feudalidade no segundo?

Pode-se imaginar a seqüela de questões em aberto em matéria sucessória, em matéria de doações, tão freqüentes, de terras à Igreja etc.

À medida que foi se fortalecendo o poder real e surgindo no cenário histórico da Europa, dos séculos XIV ao XVI, o Estado moderno, estes conflitos tinham de cessar, sob pena de trazerem a desordem social e as situações inseguras de indefinição.

Ora, como nota J. Leclerc[15], a noção de contrato, difundida pela Igreja, pelos motivos citados, veio favorecer a unificação dos dois ordenamentos. Sendo o contrato matéria essencialmente de Direito Civil, ao poder temporal, ao Estado nascente é que competia determinar as modalidades de sua execução. Surgiu então a idéia de "casamento civil" e "casamento religioso", para desagrado da Igreja, "vendo se voltarem contra ela seus próprios conceitos e teorias sobre o Casamento"[16]. E isto trouxe uma simplificação em matéria de pátrio poder, pois passou a ser matéria específica de Direito Civil, como sistema autônomo. Já, na Idade Média, nos séculos X ao XIII, foi o pátrio poder regulado ao mesmo tempo pelo Direito Visigótico e pelo Direito Canônico. Era comum, nesse período, o indivíduo achar-se obrigado a permanecer em um mosteiro, inclusive à força, se, quando criança, seus pais para ali o tivessem encaminhado. O resultado era, ao lado de alguns casos de identificação e/ou adaptação à vida religiosa, uma ampla maioria de desajustados, que conturbavam a vida religiosa, com seus escândalos sexuais, e a vida civil, por suas prepotências, querendo colher do estado clerical que se lhes impusera o máximo de benefícios como uma espécie de compensação.

A obrigatoriedade advinha do Direito Canônico, embora nada tivesse o Direito Visigótico a ver com tais aberrações(17).

Para os canonistas, o poder do pai sobre seu filho é de "direito divino positivo", vale dizer: está expresso no IV Mandamento. Explicava S. Tomás: "O filho é alguma coisa do pai. No começo, está talmente unido à mãe que dela não se distingue. Depois de nascido, antes de chegar ao uso da razão, está confiado e depende dos cuidados de sua mãe e do sustento que lhe procura seu pai. Começa a dispor de si mesmo ao atingir o uso da razão"(18).

Com tal raciocínio, a Igreja dá como válido o batismo da criança que ainda não pode manifestar sua vontade, desde que seus pais a manifestem, em seu lugar, e o cânon 750 proíbe o batismo de crianças pequenas se os pais são pagãos e não consentem em tal cerimônia, que ao mesmo tempo é uma entronização na Igreja.

Trata-se de uma situação "ardita", pois a verdade é que a criança não sabe o que está se passando, nem como seu "consentimento" está sendo dado para seu ingresso na Igreja. Trata-se de uma ficção, de Direito Canônico, que sempre timbra em dar um caráter de liberdade a todos os atos de significação religiosa, para justificar o batismo com tenra idade, quando o que na realidade se tinha presente era o perigo de a pessoa não se tornar cristã, com o correr dos anos, nunca vindo a ser batizado, não ingressando na Igreja, e escapando a todas as regras que regiam uma sociedade oficialmente católica.

Com a separação entre Igreja e Estado, persistirá, apesar de tudo, o critério, mas por razões de ordem espiritual (perigo de morrer sem batismo) e por tradição (é mais fácil fazer como todos sempre fizeram), mas depois o batizando poderá seguir ou não as normas da Igreja, pois a sociedade moderna é pluralista, no sentido religioso, moral mas não jurídico, com as conhecidas resistências legalistas fixistas de sempre, mas com inegáveis tendências para a multiplicidade de programas, para a alta funcionalidade na diferenciação, para recolocar a questão em termos de N. Luhmann, enquanto que, na época em estudo, a funcionalidade é baixa ainda, os papéis sociais são bem definidos (a Igreja está no seu papel, assim como o rei), os programas só são dois, o Direito Canônico e o Direito Visigótico, com a afirmação da superioridade do primeiro, nas chamadas questões mistas, e, enfim, a expectativa de todos para com as normas da Igreja e do Direito Feudal é sempre normativa.

d) A Transição para o Estado Moderno: Continuidade no Direito de Família, na Península Ibérica

O conflito entre ordenamentos paralelos, o visigótico e o canônico, tende a se solucionar, paradoxalmente por uma tese dos canonistas. Preocupados com a validade do casamento-sacramento, insistiram mais no seu aspecto contratual e menos no seu caráter de instituição social durável. Ora, isto viria a facilitar a absorção da matéria de família pelo ordenamento jurídico do Estado Moderno. O conflito tendeu a cessar, à medida que foi se unificando em monarquias nacionais e estados centralizados a velha colcha de retalhos do feudalismo europeu.

Procurando sua inspiração na Antiguidade, lembra Hannah Arendt, Machiavel, como mais tarde Robespierre, vão buscar na idéia de fundação de uma Cidade pelos romanos a justificativa do emprego da violência para se "fazer" um Estado ("lo Stato"), ligada à implantação de ditadura, pois as circunstâncias herdadas do feudalismo eram por eles assimiladas à situação de recurso ao ditador nos tempos de desordem para restaurar a ordem na República: "dictator reipublicae constituendae"[19].

A unificação legislativa era o primeiro passo para a unificação política, já que leis regionais e locais (*privilegia*) eram a base de sustentação do poder dos antigos barões. As várias "Ordonnances" de um Francisco I, na França, bem como as "Ordenações" Afonsinas, Manoelinas e depois Filipinas, em Portugal, eram instrumentos de fortalecimento do poder real.

O Direito Canônico era um obstáculo para tal unificação e, desde a Idade Média, os conflitos com o poder de Roma eram sempre desvantajosos para os detentores do poder temporal. Mas agora, a tendência de se admitir, graças às elucubrações dos legistas, uma soberania absoluta para o Estado, personificado na pessoa do rei, que figura como papel social, mas também como instituição e a monarquia como um programa, com base em valores que são a idéia de nação e de pátria unificada, conduz a uma independência do Estado perante a Igreja.

Em matéria de Direito de Família, o Estado reclama para si o poder de declarar o Direito Positivo em matéria de contratos civis, e o casamento, na opinião sempre repetida dos canonistas, era, antes de tudo, um contrato [20].

A luta que então se trava entre o Estado e a Igreja e os senhores feudais, momentaneamente aliados, repete, com outro conteúdo, as lutas na antiga "Polis", da "Urbe" romana contra as tendências isolacionistas dos antigos "patres-familias". Eis porque, com toda razão, leciona José Pedro Galvão de Sousa que o Estado Moderno, embora surgido na era cristã, no século XVI d.C., tem mais semelhanças com a "Polis" antiga do que com a ordem de coisas reinante na Cristandade medieval (séculos V-XV)[21]. Aliás, esse mesmo autor, em sua tese sobre as *Origens da Moderna Teoria do Estado*, já vislumbra em Marsílio de Pádua todo o fundamento filosófico e jurídico para um poder centralizador "totalitário", em pleno século XIV. E, se quiséssemos ir mais longe, encontraríamos no século XIII, contemporâneo de São Luís Rei de França, o rei catolicíssimo, o movimento dos gibelinos pró-restauração do antigo Império Romano, apoiando as pretensões dos príncipes alemães na Itália, contra a supremacia da Igreja[22].

O gênio de Dante Alighieri procurou a coexistência de ambos os poderes, mas prevaleceu, por longo período de tempo, praticamente até o século XIX, em que se abre a era das Concordatas, com Napoleão e o papa Pio VII, a luta entre poder temporal e espiritual, pois, para citar apenas o que nos tange de perto, a Igreja se negava a reconhecer o casamento civil e a regulação das relações entre cônjuges e entre pais e filhos sem a chancela eclesiástica[23].

Neste clima é que se deve buscar a influência decisiva da Escola de Bolonha. Diz-nos Tércio Sampaio Ferraz Jr. que "A ciência européia do Direito propriamente dita nasceu em Bolonha, no século XI, com um caráter novo, mas sem abandonar o pensamento prudencial dos romanos, ela introduz uma nota diferente no pensamento jurídico: sua dogmaticidade. O pensamento dogmático, em sentido estrito, pode ser localizado nas suas origens neste período. Seu desenvolvimento foi possível graças a uma resenha crítica dos digestos justinianeus (*littera boloniensis*), os quais foram transformados em textos escolares do ensino na universidade"[24].

Se o Direito Romano sucumbia com as várias camadas de ordenamentos que, caoticamente, se sobrepunham na Era Medieval, chegava o momento de, em nome da unidade nacional, impor-se como única lei. São, pois, concomitantes, na Europa, o retorno ao Direito Romano, em matéria de Direito Civil, e o restabelecimento da concepção romana de autoridade.

Não estaria completo o estudo da transição para o Estado e o Direito modernos, de tão grande importância para a compreensão da idéia de autoridade e mesmo para as disposições em matéria de Direito de Família e pátrio poder, sem uma alusão, ainda que rápida, ao que se passou na Península Ibérica.

Além disso, o Brasil foi colonizado por Portugal e é básico para a compreensão dos tempos coloniais — que serão analisados a seguir — lembrar a situação particular da Península Ibérica no século XVI.

Como esclarece Miguel Reale[25], Portugal procurou conciliar o ideal religioso herdado da Idade Média com a "razão de Estado" trazida por Machiavel e o Renascimento, através da idéia de uma comunidade nacional coesa, em que a religião cristã entrava como um dos fatores preponderantes, mas subordinada aos interesses do Estado.

Isto explica todo o ideário da expansão colonial lusitana, ao mesmo tempo "dilatando a fé e o império, por toda parte", cantou Camões.

Mas, e isso não pode ser esquecido, é preciso recordar que foi na Península Ibérica que a Contra-Reforma mais se fortaleceu. Vale dizer, foi onde penetrou menos o espírito da Reforma protestante e onde mais caracteristicamente o ideal do Renascimento se atenuou, em seus laivos paganísticos, com as mirabolâncias do Barroco.

Que interesse tem isso para a teoria do Estado e do Direito?

Michel Villey mostra, de modo preciso, que a Reforma foi, no campo do Direito, uma continuação da tradição augustiniana, que já analisamos. Como tal, ela reforçou as tendências centralistas do Estado, mais precisamente da monarquia absoluta, quando não reconheceu outra base para a autoridade política senão a Sagrada Escritura. Não foi por acaso que a "Teoria do Direito Divino dos Reis" surgiu com o rei Jaime, na Inglaterra anglicana. A visão das "Duas Cidades", de Santo Agostinho, é o pano de fundo em que se move toda a ideologia luterana do homem atingido de tal modo pelo pecado original de maneira a nada poder conceber de bom em sua inteligência que não lhe seja revelado pela Bíblia, incluindo as formas de governo e das leis, sempre precárias, aliás, mas devendo ser obedecidas por serem queridas e/ou permitidas por Deus. É também a posição de Calvino[26].

Em Portugal e na Espanha, como talvez nem mesmo na Itália ou na França (em que o calvinismo manteve raízes, desabrochando depois no galicanismo, depois de frustrada a conquista do trono com a "conversão" de Henrique IV), a doutrina luterana foi atacada pela Contra-Reforma, ou seja, pelos jesuítas e dominicanos, professores de Salamanca, que, como reação aos postulados de Lutero e Calvino, chegam a construir toda uma doutrina do Direito e do Estado com base no conceito de lei natural(27). Se para Lutero o homem era incapaz de chegar por si mesmo, sem o socorro da Escritura, à idéia de Justiça e de bem, para os jesuítas como Molina, Vasquez e Suárez, como para os dominicanos Vitória, Soto e Las Casas, pela simples luz da razão natural tinham os estóicos chegado a uma série de noções próximas ao Cristianismo(28).

Isto teria conseqüências para a construção de uma teoria contratualista do poder, em que o detentor da autoridade poderia até ser morto se contrariasse as aspirações do povo, como chegou a defender Mariana(29), em que sua autoridade era consentida, não por determinação divina, mas por expressar a vontade do povo(30). Como explica Joseph Höffner, uma outra conseqüência fundamental foi o reconhecimento de direitos dos índios, como algo independente de sua adesão à fé cristã, pelo simples fato de serem humanos. Daí as arbitrariedades de colonos sobre os índios, em toda a América Latina, e, particularmente, no Brasil, não serem aplaudidas pelos jesuítas e dominicanos(31).

Outro fruto da Contra-Reforma, em matéria jurídico-política, foi a continuidade da intepretação canônica, em matéria de Direito Civil, não abdicando a Igreja, em Portugal e Espanha, do direito de interferir, em questões matrimoniais e de paternidade, no Direito Civil.

Isso irá, como se verá no capítulo seguinte, dar um embasamento doutrinário e ideológico para a "privatização" do Direito e fortalecimento dos poderes dos patriarcas locais no Brasil, perante o representante da Coroa, do Estado português, séculos afora: a matéria de Direito de Família, de casamento, de relações entre cônjuges, de educação e sustento dos filhos são, para Suárez como para Vitória, o Direito de Propriedade, matéria que não pode ser regulada pelo soberano como bem lhe aprouver, porque envolve as leis naturais de perpetuação e preservação da espécie. Como se sabe, está nessa concepção todo o embasamento doutrinário da deslocação de uma questão jurídica para uma "questão de consciência", que, como é notório, mesmo em nossos dias, é o fundamento da "Doutrina Social da Igreja"(32).

NOTAS DO CAPÍTULO II

(1) Hannah Arendt — *Entre o Passado e o Futuro*, pp. 169 e segs.
(2) *Ibid.*, p. 170.
(3) Julius Évola — *Rivolta contro il Mondo Moderno*. Roma, Ed. Mediterranee, 1968, pp. 99-101.
(4) *Apud* Alberto Febbrajo — *Funzionalismo Strutturale e Sociologia del Diritto nell'Opera di Niklas Luhmann*. Milão, Ed. Giuffrè, 1975, pp. 113 e 117.
(5) Michel Villey — *La Formation de la Pensée Juridique Moderne*. Paris, Ed. Montcherétien, 1975, pp. 83-85.
(6) Algumas destas afirmações talvez causem espécie, mas é a conclusão a que se chega da leitura da obra de Villey, como da substanciosa análise de Werner Jaeger em *Humanisme et Théologie*, mostrando a profunda afinidade entre Santo Tomás e os Humanistas. Quanto ao caráter voluntarista do pensamento jurídico de Suárez, que impregna sua concepção de direito subjetivo, veja-se tb. de Villey — *Seize Essais de Philosophie du Droit*. Paris, Dalloz, 1969 e *La Formation* cit. sup. pp. 386 e segs. Resta-nos precisar que, com Louis Jugnet (*Pour Connaître la Pensée de Saint Thomas d'Aquin*. Paris, Bordas, 1964, p. 113), não se pode negar que o Aquinate permanecia augustinista na essência do seu pensamento, mas abria o caminho para o aristotelismo ao aceitar quase todas as colocações do Estagirita em matéria de Moral e de Direito. V. tb. *A Cidade de Deus*. Livro IV. Ed. das Américas, São Paulo, 1964, 1º vol. para se conhecer o pensamento de Santo Agostinho a respeito do Direito.
(7) Franz Funck-Brentano — *Le-Moyen Âge*. Paris, Ed. Hachette, s/d, pp. 6 e 7. Tb. *L'Ancien Régime*, todo o vol. 1º, ed. Arthème Fayard, 1936, pp. 9-111.
(8) Régine Pernoud — *Lumière du Moyen-Âge*. Paris, Ed. Bernard Grasset, 1954, pp. 12-16.
(9) Paulo Merêa — "O Poder Paternal na Legislação Visigótica" *in Boletim da Faculdade de Direito da Univ. de Coimbra*. Coimbra, 1939, Vol. XV, pp. 297 e segs.
(10) Bernard Basse — *La Constitution de l'Ancienne France*. Lib. St. Louis Liancourt, 1973, p. 182.
(11) Franz Funck-Brentano — *Légendes et Archives de la Bastille*. Paris, Ed. Hachette, 13-46 e 264-267. Ed. 1901. V. tb. sobre a força do "droit cotumier' perante o "droit écrit" nacional. Adriano Cavanna. *Storia del Diritto Moderno in Europa*. Milão, Giuffrè Edit., 1979, pp. 391-409.
(12) E. Kant — *Fundamentação da Metafísica dos Costumes*. Coimbra, Ed. Atlântica, s/d., sobretudo a Primeira Seção, e a discussão da autonomia da vontade na Seção Segunda.
(13) Jacques Leclerc — *A Família*. São Paulo, Ed. Quadrante, s/d., pp. 32-34.
(14) Clóvis Bevilaqua — *Direito de Família*. Rio de Janeiro, Ed. Rio — Ed. Histórica (reimpressão, 1976), pp. 54 e 55.
(15) *Op. cit.*, p. 34.
(16) *Ibidem*, p. 35.
(17) *Ibidem*, p. 321.
(18) S. Tomás de Aquino — *Suma Teológica*. IIae. II - IIae, q. 11-II art. 12, c. ed. Livraria Sulina, 2ª ed. da trad. de A. Correia. Porto Alegre, 1980.
(19) Hannah Arendt — *op. cit.*, pp. 182-184.
(20) Jacques Leclerc — *op. cit.*, p. 35.
(21) José Pedro Galvão de Sousa — *Iniciação à Teoria do Estado*. São Paulo, Ed.

Revista dos Tribunais, 2ª ed., 1972, pp. 136-158.

(22) Foi o que analisamos em despretensioso artigo publicado na revista de cultura *Hora Presente*, nº 7, out. de 1970, pp. 169-178. Vimos com satisfação nossas observações confirmadas por Julius Evola em suas obras *L'Idée Imperiale Gibeline*, Paris, Ed. Belhomme, 1974, pp. 175-182 e *Rivolta contro il Mondo Moderno*. Roma, Ed. Mediterranee, todo o cap. "Tramonto dell'eccumene medioevale".

(23) Dante Alighieri — *De Monarchia*. L. III, 3-16. Ed. bil. Ed. B.A.C. Madri, 1973. V. tb. Nachman Falbell — *Os Espirituais e a Querela do Poder Temporal*. Fac. Fil. Let. Ciências Hum. 1976, pp. 120-122. Sobre a solução do conflito veja-se: Jean Thiry — *Le Concordat*. Paris, Ed. Berger, 1956, pp. 35-90. Heirich Rommen — *O Estado no Pensamento Católico*. São Paulo, Ed. Paulinas, 1967, pp. 538 e segs.

(24) Tércio Sampaio Ferraz — *Função Social da Dogmática Jurídica*. São Paulo, Ed. Rev. dos Tribunais, 1981, p. 31.

(25) Miguel Reale — *Horizontes do Direito e da História*. São Paulo, Ed. Saraiva, 1977, 2ª ed., pp. 75-105.

(26) *La Formation de la Pensée Juridique Moderne*. Cit., pp. 276-337.

27) A distinção entre "lei natural" e "direito natural", sendo aquela uma "lei da natureza" tão obrigatória como os "Dez Mandamentos", surge com Francisco Suárez. Cf. Villey, *op. cit.*, p. 385.

(28) Cf. Villey, *op. cit.*, p. 386.

(29) *Ibid.*, p. 350.

(30) *Ibid.*, p. 349.

(31) *Colonialismo e Evangelho*. Ed. Presença, EDUSP, Rio, 1973, pp. 251-255.

(32) Villey, *op. cit.*, pp. 342, 357, 387 e 388.

PARTE II: O DIREITO BRASILEIRO ANTERIOR À CODIFICAÇÃO

Capítulo I:

O Pátrio Poder a Idéia de Autoridade no Brasil Colonial

a) A Sociedade Colonial: "Ordenações do Reino" *versus* "Direito Natural" Jesuítico

Não se pode ter uma visão exata da situação reinante no Brasil colonial sem levar em conta os componentes antropológicos de nossa formação cultural, pois nossa cultura se formou pelo caldeamento de três outras culturas: a européia, portuguesa; a autóctone, indígena; a negra, africana. Von Martius nos refere a existência de um "direito entre os autóctones do Brasil", antes da chegada do europeu.

Salienta Gilberto Freyre que o português triunfou das dificuldades de uma terra estranha e inóspita porque se adaptou, aprendendo com os índios a cultura da mandioca, a tecedura das redes, o emprego das plantas medicinais contra as doenças tropicais. Triunfou porque construiu uma sociedade de miscigenação, de mamelucos.

Mas a cultura brasileira resultou também da contribuição do negro que aqui chegou como escravo, mas que no aconchego das "Casas-Grandes" influiu na educação de gerações, como na cozinha acostumou o paladar brasileiro ao gosto de suas comidas apimentadas, trazidas d'África, além de ter animado as festas populares com seus ritmos vibrantes e sensuais[1].

Entretanto, como mostra Egon Schaden, não é menos verdade que, com a proibição da "língua geral", o tupi, falado em todo o Brasil, em 1727, o europeu colonizador mantinha os laços e a comunicação com a metrópole, dominava, impunha sua visão do universo, seus princípios de organização política e de exploração econômica[2]. É nestes termos que se processa a chamada "aculturação do índio".

Formou-se então, no Brasil, uma sociedade nos moldes da Europa, ou que não abandonava a pretensão de ser um prolongamento da Europa no continente americano, considerando-se seus habitantes como portugueses, nunca se identificando com os naturais da terra, nem permitindo que seus filhos, mesmo quando mamelucos, se considerassem brasileiros[3]. A cultura greco-latina se tranplantara para os trópicos.

Entretanto, também é verdade que nossa ligação maior era com a Península Ibérica, que Sergio Buarque de Holanda chama de "território-ponte, onde a Europa se comunica com outros mundos"[4], mas também zona de confrontos com outras civilizações desde as invasões islâmicas, e as primeiras lutas da Reconquista do território, até as expedições para a tomada de Ceuta e para a demanda das Índias, enfim, uma região de "eterna Cruzada", como lapidava F. W. Faber.

Isso não se pode esquecer, para aprofundar as razões que levaram Portugal e Espanha a se perfilarem do lado da Contra-Reforma. E também foi significativo para o Brasil colonial.

Desde cedo, logo depois da fundação em 1534, por Santo Inácio de Loyola, espanhol da Biscaia, entram os primeiros jesuítas em Portugal, conseguem apoio junto ao rei D. João III e participam já em 1549 da comitiva do primeiro governador-geral do Brasil, Tomé de Souza[5].

Sabe-se sobejamente da importância dos jesuítas na implantação dos primeiros colégios em São Paulo, na Bahia, no Espírito Santo, em Olinda, no Rio de Janeiro.

Sem dúvida que a cultura que traziam era européia, era cristã, era renascentista e barroca, mas não se pode deixar de ver os matizes, importantes matizes, para se compreender como se processou a colonização, que sociedade se formou, sob o domínio do rei de Portugal, ninguém o duvidava, mas sob a influência direta dos padres da companhia.

Como dissemos no final da Parte I, a Contra-Reforma desenvolveu através dos jesuítas, principalmente Suárez, Mariana, Vasquez, Molina, uma idéia de "direito natural", com abordagem cristã de idéias que vinham de Cícero e dos estóicos, que em grande parte diminuiu o impacto das tendências absolutistas na Península Ibérica, chegando a criar todo um sistema jurídico independente do direito positivo das Ordenações. Cremos poder falar em "sistema jurídico", pois inclusive se desenvolveu um sistema de sanções, que poderiam chegar até à pena de morte, nos crimes chamados "contra a natureza", aplicada pelo "braço secular", subordinado ao interesse religioso e espiritual nos países obedientes a Roma, como de fato o foram Portugal e Espanha, como nem sequer aconteceu nas Repúblicas e Principados italianos, muito menos na França ou na Baviera(6).

E isto nos parece ser relevante, para se entender a sociedade colonial, o direito de família, a idéia de autoridade e o pátrio poder antes do Código Civil ser redigido, pelos problemas que já se vislumbram, e que se agravariam depois, como linhas divergentes: ao lado do sistema jurídico positivo do Estado, as "Ordenações do Reino", um sistema jurídico "natural", incrementado e interpretado pelos jesuítas.

Se atentarmos para o fato de que o Brasil era, para todos os efeitos, uma colônia de Portugal, o sistema jurídico era o das "Ordenações". Nesse caso o sistema do direito natural lhe estava subordinado, era um subsistema, mesmo porque o "braço secular" era o aparelho para punir o comportamento desviante, e este braço era o Estado. Mas é preciso não desprezar as palavras em sua significação autêntica, se era um "braço" não era a "cabeça" do corpo social, a qual só poderia ser "Roma, caput mundi", a suprema direção do "orbis christianus" medieval e agora jesuítico(7).

Isso não era, porém, muito nítido, pois o que parecia evidente é que o Papa em Roma e os Bispos designados para as recém-criadas dioceses do Brasil não queriam atritos com os reis de Portugal e de Espanha, em plena crise religiosa da Reforma e das Guerras de Religião. Mas, assim o não entenderam nunca os jesuítas "mais papistas do que o papa", como se dizia então, pois sua atitude não era de submissão para com os governadores-gerais, antes se consideravam seus orientadores, sobretudo no trato com os índios(8) e, sem chegar sempre ao grau máximo atingido nas famosas "Reduções" do sul do Brasil[9], se portavam como líderes da comunidade dos portugueses e mamelucos que viviam em redor de suas igrejas e colégios.

Como conseqüência, cremos poder dizer, com Sérgio Buarque, com João Camillo de Oliveira Torres[10], que "o Estado português não exercia efetivo controle sobre a sociedade no Brasil", até o Marquês de Pombal, quando o quadro se modifica, inclusive com a expulsão dos padres jesuítas do território português e das colônias, entre as quais estará o Brasil.

Antes de Pombal, o subsistema que molda a existência quotidiana é o ensinado e propagado pelos padres da Companhia. Assim sendo, a maior parte das relações de família e de pátrio poder são reguladas pelo sistema (subsistema, no caso) do direito natural, como vinha explicado nos tratados de Suárez, Vasquez e Molina, e não tanto nas "Ordenações do Reino", cujo alcance e eficácia social não pode ser supervalorizado, por comparação ou analogia com o Direito Civil de nossa época. Aliás, a dificuldade das comunicações, a situação de analfabetismo eram fatores que impossibilitavam a leitura das "Ordenações", enquanto que o subsistema contava com a facilidade da explicação oral e imediata no confessionário, no púlpito, na tribuna da Câmara dos Vereadores e, acima de tudo, na varanda das "Casas-Grandes", em que tudo de fato se decidia, não raro envolvendo "questões de consciência", vale dizer, recurso à interpretação do padre jesuíta, confessor da família, ou professor no colégio, ou pároco etc.[11]

As "Ordenações do Reino" eram o instrumento de uma progressiva centralização política que, ao mesmo tempo, invocava a "razão de Estado", nos moldes do pensamento político de Machiavel, e o interesse pelo aumento da fé cristã: "Tal retorno para concepções antigas, neste como em outros campos da experiência humanista, não podia verificar-se fazendo 'tabula rasa' da experiência do Cristianismo. (...) Explica-se, pois, a complexidade do pensamento da época, reelaborando temas da política e da jurisprudência clássicas, visando superar a tensão viva que se estabelecia entre indivíduos e Estado, entre consciência ética e consciência política, na procura de uma possível conciliação entre a idéia antiga de 'imperium' e a idéia cristã de 'pessoa': era como se dois mundos se forcejassem mutuamente para se comporem numa unidade nova"(12).

Pois bem, a nosso ver, no Brasil esta composição não se verificou, permaneceu como um conflito latente para aparecer claramente em várias oportunidades, desde os atritos entre Nóbrega e João Ramalho, por causa de sua mancebia, e/ou poligamia com as índias, e seu poder de pai sobre "quase todos os mamelucos da região de Santo André da Borda do Campo", até as complicadas questões de limites dos "Sete Povos das Missões" e da "Colônia do Sacramento".

Dava-se aquilo que Luhmann chama de "diferenciação funcional" de um subsistema, "a ponto de pôr em perigo a integração mesma dos subsistemas que fazem parte de um sistema social que institucionaliza as últimas reduções fundamentais. (...) A própria diferenciação funcional consente a alguns subsistemas não adequar-se ao aumento geral de complexidade e permanecer indiferentes quanto a ela"(13).

As Ordenações Manuelinas, de 1512, 1513 e 1514, promulgadas por Dom Manuel, o Venturoso, visavam exatamente ordenar as matérias de Direito Civil, Penal e Processual, nos seus cinco livros, distribuídos em mais de duzentos títulos, resultado de aturada compilação do Direito Romano e do Direito Visigótico, feita pelos legistas Rui Boto e Rui da Grã, profundos conhecedores da obra do jurisconsulto Triboniano e do disposto nas antigas Ordenações Afonsinas, de sabor feudal. Nas "quaestiones disputatae" deveria prevalecer a opinião do célebre Bártolo de Bolonha.

As Ordenações Manuelinas, em questões de família e pátrio poder abandonam a antiga concepção da propriedade comunitária e do poder de administração, para acolher a concepção romana da propriedade individual do "pater", com poderes para alienar os bens familiares e exercer todos seus direitos como pai e protetor dos filhos. Entretanto, tais poderes são limitados pelo interesse do Estado, não se reconhecendo o "jus vitae ac necis", nem mesmo o poder de julgar os membros da família, pois só a "justiça d'el-rei" está apta para examinar os crimes cometidos no território da Coroa.

Com o domínio espanhol vieram as "Ordenações Filipinas", em que se acentuava o caráter de ordenamento exclusivo, não reconhecendo outra soberania judiciária e outras leis senão as de Sua Majestade Católica. Os juristas que participaram da nova compilação das leis do Reino de Portugal foram Jorge de Cabedo, Pedro Barbosa, Paulo Afonso e Damião de Aguiar, todos ardentes defensores da romanização do direito peninsular(14). A importância da nova compilação está na absorção pelo sistema estatal dos antigos direitos foraleiros ("fueros", "forais") constantes do "*Fuero Juzgo*" e da "*Ley de Las Siete Partidas*". Era uma tendência a eliminar o subsistema dos forais pelo único ordenamento do Estado, acabando com a multiplicidade de fontes do Direito Medieval(15).

Daí ser significativo "o desprazer com que os legistas portugueses e espanhóis viram a aplicação na Península dos decretos do Concílio de Trento e a revalorização do Direito Canônico", então reformulado, para as necessidades da Contra-Reforma(16).

Se em Portugal e Espanha o efeito foi grande no sentido de dotar de vigor um subsistema que já se acreditava perempto ou absorvido pelo ordenamento do Estado, recolocando a problemática de uma mesma questão de direito de família ser resolvida por dois sistemas jurídicos diferentes, pelo menos, no Brasil colonial os efeitos foram muito maiores.

Considerações outras como a educação ou não na fé católica, o casamento com pessoa de outra religião, o consentimento para os votos monásticos, passam então a valer muito mais do que as meramente civis, de gestão do patrimônio familiar, partilha de bens em herança etc.

A filiação legítima ou não, em virtude de casamento ou concubinato passa a ser mais importante do que a filiação mesma, pois o bastardo está excluído da herança, em julgados dos tribunais civis e canônicos, enquanto que as Cortes muitas vezes acolhem os bastardos como sucessores dos reis, como no caso de Dom João d'Áustria, filho ilegítimo de Carlos V, aquinhoado com títulos, prebendas, governanças e até mesmo o supremo comando da frota cristã, em guerra contra os turcos, vitoriosa aliás, em Lepanto...

Coexistem, pois, dois critérios, duas interpretações, dois sistemas.

b) O Patriarcalismo como Tendência Autonomista perante o Estado

O perigo do crescimento do subsistema a que aludia Luhmann, no caso brasileiro, se tornou verdadeiro confronto com o desenvolvimento econômico das famílias de senhores de engenho, no Nordeste, a partir do século XVII, com o apogeu do ciclo da cana-de-açúcar e, no Sul do país, com os movimentos desbravadores dos bandeirantes e o enriquecimento com o ouro e as pedras preciosas das Minas Gerais, despontando já o ciclo da mineração.

O poder econômico incentivou o mandonismo local que vai se tornar tradicional no Brasil, ao mesmo tempo em que reforçava o regionalismo, quando não o separatismo, facilitado pela divisão do território em Capitanias que nunca perderam sua autonomia jurídica e política, apesar da instalação apressada dos Governos Gerais, nos meados do século XVI.

A dificuldade das comunicações, a predileção clássica dos portugueses pelo litoral, a grande extensão da colônia, tudo enfim facilitou a tendência autonomista perante o ordenamento jurídico do Estado, em benefício do jusnaturalismo e do canonismo jesuítico-tridentino em terras brasileiras.

Sociologicamente falando, um grupo social cresceu desmedidamente e seu chefe, tal como na Alta Idade Média européia, na Grécia e na Roma arcaicas, se tornou verdadeiro líder político. Trata-se da família, e do pai, do patriarca que o governava com poderes absolutos, como gestor dos seus bens e senhor de sua mulher e de seu filhos e dependentes.

Não entrando na longa polêmica a respeito do chamado "feudalismo brasileiro", que parece não existiu, enquanto estrutura jurídica, mas foi uma realidade enquanto "tendência descentralizadora"[17], a verdade é que o subsistema constituído pelo Direito Canônico, com base na interpretação jusnaturalista do Direito de Família, escapava ao controle do ordenamento do Estado português no Brasil. Diz-nos Sérgio Buarque de Holanda: "Não existe entre o círculo familiar e o Estado uma graduação, mas antes uma descontinuidade e até uma oposição. (...) Só pela transgressão da ordem doméstica familiar é que nasce o Estado e que o simples indivíduo se faz cidadão, se faz eleitor, contribuinte... ante as leis da Cidade (*v.g.* o Estado). Há nesse fato um triunfo do geral sobre o particular, do intelectual sobre o material, do abstrato sobre o corpóreo e não uma depuração sucessiva"[18].

Houve um fator que ajudou imensamente na afirmação da família patriarcal: foi o domínio espanhol. Com a transição da coroa portuguesa para os Felipes de Espanha, acreditaram-se muitos brasileiros, leais súditos dos monarcas da extinta dinastia de Aviz, desligados de seu juramento de fidelidade. Isto explica muita coisa, inclusive a desobediencia às demarcações de Tordesilhas no Sul do Brasil, a resistência ao invasor holandês, independente das negociações levadas a cabo pelos Bragança, depois da restauração de 1640, em que o episódio Amador Bueno, em São Paulo, é demonstrativo do estado de espírito reinante.

Foi talvez por ser essa época significativa em termos de Brasil tradicional que um literato que era também jurista, José de Alencar, a escolheu como fundo de quadro de seu romance de claras intenções nacionalistas, *O Guarani*, que merece atenção, ao mesmo tempo, como referência ao período colonial e como espelho da mentalidade no século em que foi escrito[19].

O reconhecimento de um subsistema não se prende a uma visão mais ou menos retórica: há fatos, como os referidos por Sérgio Buarque: "O pátrio poder, nesse ambiente, é virtualmente ilimitado e poucos freios existem para a sua tirania. Não são raros os casos como o de um Bernardo Vieira de Melo, que suspeitando a nora de adultério, condena -a à morte em conselho de família e manda executar a sentença, sem que a justiça dê um único passo no sentido de impedir o homicídio e castigar o culpado, a despeito de toda a publicidade que deu ao fato o próprio criminoso"[20].

Vale dizer: no Brasil vivia-se uma situação inversa à de Portugal: em Portugal, como em todas as nações européias do Renascimento, a "razão de Estado" ia se impondo e invadindo setores, num movimento fortemente centralizador em benefício do Estado. No Brasil, pelo contrário, o Estado cedia terreno perante a força centrífuga do patriarcalismo. O solar, a casa-grande se tornavam centros gravitacionais, seus chefes escapavam à justiça d'el-rei, para serem julgados apenas pela parentela do conselho de família.

Poder-se-ia objetar que esta realidade é anterior ao aparecimento das primeiras vilas e cidades e que só subsistiu depois no meio rural.

Se bem que haja uma correlação entre o ambiente rural e o patriarcalismo, não se pode esquecer que as vilas e cidades vieram como prolongamento das casas-grandes. Ataliba Nogueira analisou a formação do município no Brasil e mostrou que, apesar de conservar o nome romano, teve origem diversa: nasceu não como prolongamento do Estado, como na Europa, mas como ponto de encontro dos senhores das fazendas e engenhos, geralmente por ocasião de festividades religiosas, ao redor das capelas, quando então se combinavam casamentos, se fechavam negócios, aproveitando-se o registro paroquial como assentamento, na falta de um registro civil, do Estado. Não foi por simples coincidência que, no desenvolvimento da vida municipal, foram vereadores das Câmaras sempre os "homens bons da terra", vale dizer, os patriarcas, que pelo seu poder econômico e prestígio político se impunham na região[21].

Não há dúvida de que, na cidade, o mandonismo não era discricionário.

Aplicavam-se nos municípios as leis portuguesas, pois havia sempre uma possibilidade maior de controle pelo Estado, sobretudo depois da divisão em dois vice-reinados, mas isto só nas cidades importantes comercialmente e politicamente, nas "vilas", não nas simples aldeias e nos povoados.

Mas como se fazia tal aplicação? Interpretando as leis do

reino em função dos costumes da terra, leciona Ataliba Nogueira[22].

E quando havia conflito entre os dois sistemas, o do ordenamento jurídico do Estado e o desenvolvido na colônia, apelava-se para a prática medieval de "obedecer sem cumprir", com base na oposição contra o "direito natural e os costumes da terra". Ou então se apelava do "rei mal informado ao rei melhor informado", decidindo como ele o faria, se melhor informado estivesse sobre os usos e costumes no Brasil...[23].

Não é possível levar mais longe a tendência autonomista perante o sistema jurídico do Estado. Foi então que veio o Marquês de Pombal...

Para se ter uma idéia clara e exata do que então se passava no Brasil resta ainda completar o quadro, mostrando que o exercício do pátrio poder não era só o sustentáculo da classe dominante, mas também explicava toda a estrutura social. Isto por ser a sociedade patriarcal composta de uma família ou estirpe de senhores da terra e de uma grande quantidade de famílias agregadas a ela[24]. Não se pode esquecer este aspecto: o patriarca rural ou "homem bom" do município não reinava (o termo não nos parece excessivo) sobre indivíduos isolados mas sobre famílias menores, com micro-estrutura idêntica ou semelhante à família da casa-grande, em função do matrimônio católico, da dependência da mulher e dos filhos para com o chefe da família. O que levava as famílias a se agregarem junto ao fazendeiro ou senhor de engenho ou de mina aurífera, conforme a região, era a necessidade de proteção e defesa, como lembra Alcântara Machado, em sua obra clássica *Vida e Morte do Bandeirante*[25].

A ausência do aparelho do Estado levava os senhores de engenho, os fazendeiros etc. a constituírem verdadeiro "sistema judiciário" particular, o que explica a impunidade nos casos como o lembrado por Sérgio Buarque de Holanda, em que o patriarca executava o membro da família, ou agregado ou dependente, depois de um julgamento por ele conduzido, com a colaboração de um "conselho familiar".

Ora, a capacidade decisória, leciona Tércio Sampaio Ferraz Jr., não é um mero ato de escolha, possível em situações simples (...) sua finalidade imediata é a absorção de insegurança, no sentido de que, a partir de alternativas incompatíveis (...) obtemos outras premissas para uma decisão subseqüente, sem ter de retornar continuamente às incompatibilidades primárias"[26].

As decisões dos senhores da terra tinham pois, o caráter de verdadeiros "julgamentos", de nítidas sentenças para resolver conflitos, reduzindo a insegurança do meio, eram, "lato sensu", decisões "jurídicas"... que não emanavam do Estado[27].

Se a base econômica em que se assentava toda essa estrutura era o latifúndio, a monocultura, a escravidão do negro e a dependência do agregado, sua base filosófica era o jusnaturalismo, seu fundamento religioso era o espírito da Contra-Reforma, sua fundamentação jurídica era o conceito de pátrio poder e de família herdados da Era Medieval, que dava ao pai o que chamaríamos de uma "situação subjetiva" como chefe, sobre sua mulher, seus filhos, seus dependentes, e, é claro, sobre seus escravos, mas não como indivíduo isolado (no que diferia do subjetivismo moderno), e sim como expressão máxima do grupo familiar, desde o senhor da família tradicionalmente dominante, até o chefe das pequenas e pobres famílias dos agregados.

c) As Alterações no Século XVIII: Abalos na Moral Tradicional e Tendências Centralizadoras

O "Século das Luzes", que tão profundamente modificou o que Paul Hazard chamou de "consciência européia", para o Brasil colonial foi a época da aceitação de novas idéias, sobretudo as de cunho libertário, que depois frutificaram nas várias Inconfidências. Mas também foi a era do Marquês de Pombal, do fim das liberdades municipais, o início da centralização política e administrativa, que tantas conseqüências terá na estrutura do Estado e na formação da sociedade brasileira. Como se conciliam duas realidades tão divergentes, em um mesmo tempo histórico?

Comecemos por explicar que o advento de uma forte medida centralizadora, por parte do governo português, era de se esperar. Niklas Luhmann nos diz que sempre que o sistema jurídico se vê ameaçado pela excessiva tendência autonomista de um subsistema (como era o caso do sistema das Ordenações, ultrapassado po um subsistema jusnaturalista e municipalista, entre nós) "ele responde com um aumento da própria complexidade interna, em particular com a própria positivação, vale dizer, com aquele processo mediante o qual o direito se libera dos últimos ligames religiosos e jusnaturalísticos e se torna direito positivo, contingente, estatuído". O que significa dizer: "O direito procura se libertar da premissa de que tudo o que vale deva necessariamente valer 'in aeterno'. O legislador não pode mais pressupor, mas deve criar por si fundamentos da própria decisão, deve realizar a sua própria legitimação em uma situação que é aberta e estruturalmente indeterminada, seja em vista das possibilidades de consenso, seja em vista dos resultados buscados"[(28)]. Daí a idéia do Estado como "força motriz", na expressão de Manuel Nunes Dias.

Foi exatamente o que sucedeu, com as reformas pombalinas: procurou-se uma legitimação que não viesse de uma concepção católica do direito natural, mas "natural" da razão, para todas as medidas políticas e administrativas do Estado português. Daí o sucesso em Portugal das idéias dos filósofos racionalistas ingleses e franceses: Locke, Bacon, Fénelon, depois Montesquieu e Voltaire, através da adaptação a um espírito basicamente cristão, que lhe deu o genial Luís Antonio Verney. Ao lado da tendência racionalista, surpreendentemente, uma valorização maior das ciências exatas e o incremento dos estudos científicos-matemáticos, na linha de Newton, abandonando temporariamente as discussões metafísicas, que logo receberão formidável golpe com o triunfo do Positivismo[(29)].

A adesão, no Brasil, às reformas administrativas e educacionais de Pombal foi unânime, mesmo por parte do clero da colônia. É evidente que os jesuítas não só discordavam do novo rumo das coisas como partiam para o ataque, o que lhes trouxe a perseguição e a expulsão final de Portugal, do Brasil e de todas as colônias lusas, até sua extinção como congregação religiosa pelo papa Clemente XIV, em 1773[30].

A partir de então o ensino das escolas será, por muito tempo, encargo de leigos e a influência clerical maior passa a ser a dos padres seculares — tradicionais aliados do poder, desde os primeiros tempos da colonização — e de outras congregações como a dos oratorianos, beneditinos etc., mais ou menos adeptos do Iluminismo, é claro que dentro de uma perspectiva compatível com sua fé[31].

A família brasileira deixa então de receber uma doutrina secularmente admitida e isto altera as bases da autoridade paterna, que não mais estão colocadas no direito natural jesuítico, mas no direito das "Ordenações", agora mais efetivamente obedecidas, com a centralização política e com a criação dos "juízes de fora", com poderes para cassar as sentenças das câmaras municipais que contrariassem as decisões do Marquês ou que de algum modo representassem menoscabo pelas "Ordenações do Reino".

E isto vai explicar a eclosão das Inconfidências, em sua maior parte de caráter localista, sem visão de uma nacionalidade, pretendendo destacar ora este ora aquele município do todo que era a colônia. Daí também a repressão violenta e a tributação maior, fazendo sentir mais do que nunca a situação de subordinação perante a metrópole, num momento em que Pombal "dominando o soberano, dominou o reino e o império", como nos refere Nunes Dias m sua obra *A Companhia Geral do Grão-Pará e Maranhão.*

Ao mesmo tempo, o século XVIII, na Europa como no Brasil foi a época da voluptuosidade, do rompimento com os estreitos laços da moral tradicional, com a multiplicação dos casos de concubinato, das uniões irregulares, dos amasiamentos e das mancebias, das mães-solteiras, e, inclusive, do que Luís Edmundo chama de "namoros de água-benta", através das grades dos claustros, pelas quais perpassavam suspiros mal contidos de freires e freiras sem vocação monástica, que obedeciam a decisões de família, como também era a época do desafogo das mal-casadas, inevitável conseqüência dos "casamentos por conveniência", com a ampliação do número dos bastardos, dos recém-nascidos abandonados nas "rodas" dos mosteiros[32], gérmens de futuros marginalizados sociais, sem família, numa sociedade patriarcal que ainda valoriza a estirpe, mesmo nas camadas dos agregados, sementeira onde germinarão os grandes pensadores revolucionários como os literatos românticos que encontrarão em Jean-Jacques Rousseau, em todos os sentidos, social, filosófico e político, seu intérprete.

E da liberdade perante uma sociedade tradicional patriarcal, se passa, quando pesa mais pesada a mão do Marquês de Pombal, para a contestação da colonização em si mesma e o que na Europa fará eclodir os movimentos democráticos que culminarão com a Revolução Francesa, aqui no Brasil será o fundamento do movimento pela independência, que resultará na Contra-Revolução de 1822[33].

Os abalos introduzidos na moral tradicional não ficarão sem efeitos na própria concepção da idéia de autoridade, atacada em sua concepção tradicional herdada da Idade Média, ao mesmo tempo pelo apolíneo racionalismo pombalino e pelo dionisíaco romantismo nativista.

Vale dizer, a complexidade é crescente, a sociedade, composta agora por elementos que se prendem a um quadro de valores cada vez mais diversificado, exige uma nova adequação do sistema de redução de tal complexidade.

Já não podem resolver os novos problemas as velhas leis, os povos português e brasileiro exigem legislação específica para cada um. Nem a vinda contingencial da Família Real, nem a retórica elevação a Reino Unido, podem impedir o inevitável: o Brasil se separa de Portugal, o sistema jurídico brasileiro não é mais o mesmo de Portugal, embora, "em caráter provisório", permaneçam em vigor algumas leis portuguesas, mas já com outro sistema judiciário. Por que não é logo feito um Código Civil brasileiro? Quais as razões do seu retardamento até 1916? É o que procuraremos entender a seguir.

Antes de concluir o capítulo, para deixar clara a expressão "Direito Natural" que várias vezes empregamos, diretamente ligada ao nosso tema, recorramos a Franz Wieacker que elucida a remota origem grega da expressão, sua retomada por autores cristãos, mostrando que, a partir de Santo Agostinho, "a idéia de Justiça se aproxima da justiça da natureza, visível, palpável, que mesmo sem a luz da fé se pode conhecer, ainda que de modo sempre imperfeito, ao mesmo tempo a concepção agostiniana de Direito justo dela se diferencia pela experiência religiosa da injustiça dos homens perante a misteriosa justiça divina". Para Santo Tomás de Aquino "se amplia o dualismo entre direito natural e direito positivo: o 'ius naturale' é, juntamente com o 'ius positivum' o conjunto do direito histórico, o 'ius humanum'. Perante ele se acha, como 'ius divinum' ou 'lex aeterna' o imutável mandamento divino revelado por Deus, mas acessível à razão". Mostra Wieacker, em seguida, que "esta tríade continuou influindo profundamente sobre o direito natural racional", pois para a Ilustração do século XVII-XVIII, ao partir de uma tradição agostiniana e tomista, "parte da pretensão de uma validade universal e intemporal do direito natural, como acessível a um racionalismo formal, mas, com razão, se considera como uma ruptura e uma manifestação do pensamento moderno, uma vez que seu aspecto essencial é a 'secularização', isto é, a 'deposição' do Criador do universo, e a autonomia da razão humana, como um 'giro copernicano', festejado por uns, condenado por outros, embora a comentadíssima frase de Grócio — 'O direito natural teria validez ainda que Deus não existisse' — é um paradoxo contra o voluntarismo da Baixa Escolástica". Então conclui Wieacker: "Não é a secularização o que caracteriza o Direito da Razão, mas a exaltação do Direito Natural a uma disciplina metódica do pensamento, *emancipada* (grifo nosso) da Teologia Moral"[34]. Esta emancipação, levada a cabo pela reforma pombalina do ensino jurídico de Coimbra e pelo novo rumo da administração, não ficou sem conseqüências para a família brasileira colonial e seu chefe, cuja constituição e/ou autoridade derivavam diretamente de um casamento religioso, regulado por máximas do "Direito Natural", de caráter religioso e voluntarista.

NOTAS DO CAPÍTULO I (PARTE II)

(1) Gilberto Freyre — *Casa Grande & Senzala.* Rio de Janeiro, Ed. José Olympio, 1961, 10ª ed., Tomo I, pp. 5 e segs. e 59-69.
(2) Egon Schaden — *A Formação Étnica e a Consciência Nacional.* São Paulo, Escola de Comunicações e Artes da USP, 1971, pp. 2 e segs.
(3) Sérgio Buarque de Holanda — *Raízes do Brasil.* Rio de Janeiro, Ed. José Olympio, 1973, 8ª ed., pp. 3 e segs.
(4) Sérgio Buarque, *ibid.*, pp. 3 e 4.
(5) René Füllöp-Miller —*Os Jesuítas, seus Segredos, seu Poder.* Trad. de Álvaro Franco. Porto Alegre, Ed. Globo, 1946, pp. 89 e segs.
(6) Joseph Höffner — *Colonialismo e Evangelho,* cit. pp. 209 e 210.
(7) *Ibid.,* pp. 19-46.
(8) *Ibid.*, pp. 218 e segs. V. tb. Costa Brochado — *A Lição do Brasil.* Portugália Editora, Lisboa, 1949.
(9) Antonio Sepp, S. J. — *Viagem às Missões Jesuíticas e Trabalhos Apostólicos.* São Paulo, Liv. Martins Editora e EDUSP, 1972, pp. 69-89.
(10) João Camillo de Oliveira Torres — *Interpretação da Realidade Brasileira.* Rio de Janeiro, Liv. José Olumpio Ed., 1973, 2ª ed., pp. 28 e 29. V. tb. Sérgio Buarque, *op. cit.*, pp. 48-50.
(11) Desde a fundação da Companhia, ao lado da cátedra e do púlpito, o confessionário foi o lugar de eleição do ensino da moral jesuítica. V. René F. Miller, *op. cit.*, pp. 99-102.
(12) Miguel Reale — *Op. cit.*, pp. 75-105.
(13) Alberto Febbrajo — *op. cit.*, pp. 90-92.
(14) Waldemar Ferreira — *História do Direito Brasileiro.* São Paulo, Liv. Freitas Bastos S/A, 1952. Tomo II, p. 298.
(15) *Ibid.*, p. 303. Em sentido contrário Francisco Elias de Tejada considera o período dos Felipes o apogeu do sistema foral das competências orgânicas: fueros locais — leis dos vice-reinados — leis do reino das Espanãs. *O Estado de Direito,* Jornadas Hispânicas, S. Paulo, 1977, pp. 177.
(16) Cândido Mendes de Almeida — *Código Filipino ou Ordenações e Leis do Reino de Portugal.* Rio, 1870, 14ª ed, pp. XXIII.
(17) Raymundo Faoro nega a existência do feudalismo entre nós, por inexistirem o feudo, o vínculo de vassalagem, "triturados ambos pela economia mercantil". (*Os Donos do Poder.* Porto Alegre, Ed. Globo, 1975, 2ª ed., p. 131, vol. 1º.) Gilberto Freyre prefere admitir inegável "tendência feudal, devida ao mecanismo da administração colonial" (*Casa Grande & Senzala,* cit., p. 40 do 1º vol.). Wilson Martins conclui pela existência de um "feudalismo baronial, na face voltada para o Brasil, e comercial, na face voltada para a metrópole" (*História da Inteligência Brasileira.* São Paulo, Ed. Cultrix, 1976, 1º vol, p. 68).
(18) Sérgio Buarque de Holanda, *op. cit.*, p. 101.
(19) A respeito da idéia de liderança e hierarquia na obra de Alencar, v. o percuciente estudo "Liderança e Hierarquia em Alencar" *in Suplemento Cultural de O Estado de S. Paulo* de 18/12/77, pp. 7-11, de autoria de Silviano Santiago. Voltaremos a estudar a figura e a obra tão importante de Alencar, bem como os motivos de sua atuação na não aprovação do Projeto de Código Civil de Teixeira de Freitas, no próximo Capítulo.
(20) *Raízes do Brasil,* cit., pp. 49 e 50.

(21) José Carlos de Ataliba Nogueira — *Lições de Teoria Geral do Estado.* São Paulo, 1969, pp. 150 e segs. Brasil Bandecchi explica que "homens bons" eram os proprietários hereditários, não-nobres. ("O Município no Brasil e a sua Função Política" *in Revista de História.* São Paulo, 1972, nº 90, Abril-Junho, p. 514).
(22) *Op. cit.*, p. 151.
(23) Luís Weckman — "A Idade Média na Conquista da América" *in Revista de História.* São Paulo, Abril-Junho de 1954, nº 18, pp. 340 e 341.
(24) Eni de Mesquita — "Uma contribuição ao estudo da estrutura familiar em São Paulo durante o período colonial: a família agregada em Itu de 1780 a 1830" *in Revista de História.* São Paulo, nº 105, Jan.-Março 1976, pp. 33-46.
(25) Alcântara Machado — *Vida e Morte do Bandeirante.* São Paulo, Liv. Martins Editora, s/d., pp. 153-165.
(26) *A Ciência do Direito.* São Paulo, Ed. Atlas, 1977, p. 90.
(27) Para Luís Edmundo, eram as Ordenações interpretadas de modo abusivo pelos patriarcas, pois estas lhes davam "prerrogativas judiciárias", outorgando-lhes o poder de "castigar e emendar". *(O Rio de Janeiro no Tempo dos Vice-Reis.* Rio de Janeiro, Ed. Conquista, 1956, 4ª ed., vol. 2, p. 393). Parece-nos que o direito de aplicar correção sobre mulher e filhos, que estará consignado ainda no Código Napoleão, não se confunde com atribuição de poder judiciário por parte do Estado. Se fazia as vezes de um poder judiciário era à revelia do ordenamento estatal.
(28) Alberto Febbrajo, *op. cit.*, pp. 95 e 96 e nota 38.
(29) Francisco da Gama Caeiro — "Verney e o Brasil" *in Suplemento Culural de O Estado de S. Paulo* de 13/5/79, nº 132, pp. 6 e 7.
(30) Ludwig Von Pastor — *Historia de los Papas.* Barcelona, Ed. Gustavo Giglio, 1958, vol. 35. V. tb. René F. Miller, *op. cit.*, pp. 418 e seg.
(31) José Ferreira Carrato — *Igreja, Iluminismo e Escolas Mineiras Coloniais.* São Paulo, Cia. Ed. Nacional (Brasiliana, vol. 334), 1968, pp. 123 e segs. V. tb. *Idéias Filosóficas no Brasil,* cap. sobre "O Iluminismo no Brasil" de D. Odilon Moura. São Paulo, Ed. Convívio, 1978, 1º vol., pp. 143 e segs.
(32) Luís Edmundo, *op. cit., Ibid.*, fala ainda de um "tempo de raros casamentos", que não correspondiam ao que chama de "frenético amor" do século XVIII, talvez pelas "demoras e despesas inexplicáveis" nos processos de casamento, o que incentivava o amancebamento (pp. 411-414). Acreditamos que, pelo menos na elite "bem-pensante" das vilas principais o pensamento irreverente de um Voltaire contribuía para amoldar uma nova mentalidade-juízo em face das uniões, ilegítimas perante a Igreja.
(33) José Honório Rodrigues — *Independência: Revolução e Contra-Revolução.* Liv. Francisco Alves Ed. São Paulo, 1º vol., pp. 117 e segs. mostra que o povo em suas aspirações revolucionárias pouco pode fazer num processo de independência conduzido por elementos conservadores e até contra-revolucionários, como José Bonifácio, Dona Leopoldina e o próprio Dom Pedro I. Podemos ainda acrescentar, com João Camillo de Oliveira Torres, que o fundamento doutrinário do poder imperial foi a doutrina suareziana, tradicional e hispânica, de um soberano, "por graça de Deus e unânime aclamação dos povos", como vem no preâmbulo da Constituição de 1824. *(Democracia Coroada.* Petrópolis, Ed. Vozes, pp. 43-47). Como se sabe a Revolução francesa foi uma deposição de nobres em benefício do que Pierre Gaxotte chama de "direita girondina", deposta depois pela "esquerda jacobina" e por fim pelos militares de Napoleão. *(A Revolução Francesa.* Porto, Liv. Tavares Martins, pp. 196-296). No Brasil, a partir do "Sete de Abril", o poder passará a ser disputado por uma "esquerda" republicana, por uma

"direita" dom-pedrista até o advento do "homem-forte": Feijó, o Regente.
(34) Franz Wieacker nos explica em sua *História del Derecho Privado de la Edad Moderna* (Madri, Ed. Aguilar, 1957, pp. 209 e 210) que a idéia de "Direito Natural" antiga, "conforme à filosofia grega do Direito e do Estado, tomou seu modelo da contemplação da convivência humana, na Cidade-Estado grega, donde procede o vigor intuitivo do pensamento grego, que descobre a idéia de Estado e da própria comunidade jurídica". Já na Era Cristã, o "Direito Natural", segundo Tertuliano e Santo Agostinho, se apresenta como expressão de uma comunidade jurídica ecumênica, que abarca toda a Humanidade, tal como a tradição estóica pretendia. V. tb. pp. 211-218, *op. cit.*

Capítulo II

O Processo Modernizador e a Reação da Família Patriarcal

a) A Influência da Grã-Bretanha no Processo Modernizador a partir de 1850 e as Novas Formas de Legitimação do Poder

I — Independência, Patriarcalismo, Centralismo (1820-1840): a Permanência da Sociedade Tradicional

O século XVIII se encerra com o afã dos Iluministas, como Pombal, de impedir o crescimento de subsistemas no ordenamento jurídico do Estado, buscando na dessacralização do Direito uma fórmula para "libertar-se dos últimos liames religiosos e jusnaturalísticos e se tornar direito positivo, contingente, estatuído"(1), como diria Luhmann.

A nosso ver, ainda que se diga que "a reforma pombalina abalou mais as estruturas de Portugal do que o terremoto de Lisboa", como chalaceava Oliveira Martins(2), a verdade é que o que de fato se operou foi uma substituição do jusnaturalismo "católico" por um jusnaturalismo "deísta", com pretensões racionalistas, segundo o esquema de Hugo Grócio(3).

Acontece que a base do ordenamento jurídico do "Ancien Régime" não era o "Direito Natural", nem mesmo o jesuítico. O sustentáculo das "Ordenações do Reino" era o "Direito Divino", fundamento do poder real em todas as monarquias da Europa, quer sob sua forma anglicana, com James I, quer sob sua forma galicana, com Bossuet. Logo, o Iluminismo reforçava a autoridade real e estatal, não era um movimento "revolucionário"(4).

Este veio, sem dúvida, com Jean-Jacques Rousseau, na senda aberta por Fénelon(5), ao radicalizar as teses de Suárez sobre a soberania derivada do povo, fazendo do povo o detentor da soberania[6].

Quando da vinda da Família Real portuguesa para o Brasil no início do século XIX, tivemos maior contato com as novas idéias francesas, sem esquecer a presença física de literatos, filósofos, artistas que residiram no Rio de Janeiro, com a famosa Missão Francesa[7].

O Movimento da Independência, que começa com a partida de D. João VI, ao receber a adesão de Dom Pedro, tinha de ser necessariamente uma composição do pensamento de Rousseau com os interesses da Casa de Bragança, o que resultou no feliz preâmbulo da Carta Constitucional de 1824: Dom Pedro era imperador, "por graça de Deus", mas também "por unânime aclamação dos povos".

José Honório Rodrigues colocou em evidência o papel das lideranças nacionais no Movimento[8] e mesmo um apologista da Constituição de 1824, João Camillo de Oliveira Torres, reconhece o caráter sacral da monarquia brasileira, ainda que frisando a adoção da teoria suareziana de "translação" da soberania nacional para a figura do soberano[9].

Os senhores de engenho, os donos de fazendas, latifúndios e antigas sesmarias, não esboçaram qualquer reação, antes apoiaram a instauração do Império Brasileiro, "porque isto convinha aos interesse da aristocracia latifundiária", e "o trono reforçara a estrutura hierárquica e auxiliara, com sua força coesiva, uma comunidade antiquada"[10].

A verdade é que a implantação de um governo central forte impediu o esfacelamento do território, fatal conseqüência do prosseguimento do mandonismo local dos tempos coloniais[11].

Também é certo que o Império foi antimunicipalista, ao instituir os governos provinciais, sendo cada Presidente de Província nomeado pelo Imperador, neutralizando por tal meio a ação dos municípios.

Paradoxalmente, mas, nesta ótica, muito logicamente, não permitiu ele a criação de uma nobreza hereditária, pois os títulos concedidos pelo Imperador não eram hereditários, não se transmitiam na estirpe familiar e permitiam a "democratização" dos títulos de nobreza, a que se passou a atribuir um sentido de "prêmio ou honra ao mérito pessoal do titulado" e menos um sentido de reconhecimento de uma aristocracia "de iure", já que existia mesmo "de facto"(12).

Bastante progressista em termos de sistematização, a Constituição de 1824 prometia para breve prazo a elaboração de Códigos Civil, Penal, Processual, Comercial, para libertar-se das obsoletas Ordenações do Reino, que continuavam como lei na matéria não regulada ainda no Brasil independente.

Com efeito, tivemos um Código Penal em 1830, um Código de Processo Criminal em 1832. Esperou-se vinte anos, para o surgimento do Código Comercial de 1850. Por que o Código Civil só veio em 1916? É o que tentaremos elucidar, já que nos interessa de perto.

II— Os Ingleses: Influência Cultural e Dependência Econômica

Dificilmente se poderia supor que a modernização iniciasse tão depressa, a partir de 1850, e daí até a Grande Guerra (14-18), quase ininterruptamente, o Brasil entrasse num processo de mudança cultural, social e econômica até o paroxismo dos anos 30 e 40, já no século XX. O fator decisivo foi a própria personalidade do imperador D. Pedro II, como salienta Richard Graham: "o homem não pode ser confundido com a função que ocupava. Tinha sido educado nos ideais do Iluminismo e acreditava inquestionavelmente na liberdade individual, mobilidade social e expansão econômica. Estivera na Europa, nos Estados Unidos, vendo e admirando as comunidades industrializadas". (...) "Mas a posição era mais significativa do que o homem que a ocupava, a coroa era o coração da sociedade tradicional. Usando-a, Pedro II era responsável pela manutenção da estabilidade, perpetuando o império e protegendo a comunidade contra as forças da desagregação"(13).

Além do apoio dos patriarcas rurais, como já dissemos, Pedro II contava com o apoio dos militares, que lhe juravam fidelidade, como legítimo sucessor de Pedro I, o artífice da Independência.

O outro pilar que sustentava o edifício da monarquia era a Igreja Católica, unida ao Estado pela Constituição de 1824, sendo o casamento religioso válido como casamento civil, o atestado de batismo como registro de pessoa física. É verdade que pela instituição do "padroado" o imperador escolhia os padres a serem elevados ao episcopado pelo Papa, as bulas e encíclicas papais só eram divulgadas no território brasileiro depois de receberem o "placet" imperial(14).

Mas, tudo somado, se poderia dizer que a estrutura do império era firme. Os abalos começaram por atritos com militares de alta patente, quando da famosa "Questão Militar", depois com o encarceramento de dois bispos na famosa "Questão Religiosa". O Império caiu realmente quando, pela Abolição, perdeu o apoio dos latifundiários de modo definitivo. Este apoio vinha sendo perdido, gradativamente, com a industrialização implantada pelo monarca, a partir de 1850, com o concurso dos engenheiros ingleses.

No Brasil, em 1850, o comércio e a atividade industrial ainda eram olhados com desprezo, como herança dos tempos coloniais em que as "profissões servis" eram consideradas indignas de um homem de família de boa cepa portuguesa, de um "filho de algo, fidalgo".

A origem social preordenava as posições e o serviço público era verdadeiro asilo dos descendentes de antigas famílias ricas e fidalgas, que tinham desbaratado suas fortunas.

O sistema econômico predominante era o agrário e o pastoril, de que provinha o poder político dos donos de latifúndios, necessário para a cultura do café, base da riqueza nacional. Eram os latifundiários verdadeiros reis em suas terras, e seus agregados eram como que seus vassalos.

As primeiras e remotas mudanças no quadro iniciaram com a vinda da Corte, com a criação das primeiras escolas de artes e ofícios, abandonando o antigo programa de ensino de Humanidades e adotando as posições inovadoras de Verney, de predominância do ensino técnico.

A chegada de contingentes de imigrantes alemães, italianos, provenientes de nações já industrializadas, reforça a importância da indústria na economia moderna.

Mas, decisivamente, de modo organizado e sistemático, o industrialismo se radicou, entre nós, quando D. Pedro II, aderindo ao pensamento do Barão depois Visconde de Mauá, contratou com firmas inglesas a implantação de estradas de ferro, de estaleiros, de grandes refinarias, de fábricas de tecelagem, a partir de 1850.

Em obra fundamental sobre o tema, Richard Graham dá a entender que a modernização do Brasil não teria se processado sem o concurso da Inglaterra. Preferimos dizer: a modernização não teria tomado o rumo que tomou, sem sacrifício da agricultura e adoção do sistema capitalista liberal do final do século passado, com largos efeitos, em termos de um equilíbrio social entre nós, sem o concurso da Grã-Bretanha. Permanece o fato de que os ingleses trouxeram o maquinismo, o capitalismo moderno, o espírito europeu competitivo e colonialista, como, aliás, concorda Graham[(15)]. Modernização que se inicia, que vai se processando, não se trata de algo acabado em pouco tempo. Nem é admissível, sociologicamente, uma mudança que faça "tabula rasa".

Conta-nos R. Graham que, em 1851, inaugurou-se um serviço regular de navios a vapor, entre o Brasil e a Inglaterra, "como se fosse um sinal do estreitamento das relações entre o dois continentes"[(16)].

Informa também que o valor das exportações se elevou de 21,5 milhões para 48,7 milhões de libras esterlinas, graças à penetração do café brasileiro no mercado europeu[(17)].

Com o Código Comercial de 1850, agilizou-se o nosso comércio, pela uniformização legal dos contratos de comércio, solução dos casos de falências, concordatas etc. Ao mesmo tempo, a Inglaterra lutava contra o tráfico de escravos e, por sua pressão, sobretudo depois da Lei Aberdeen de 1845, o comércio de escravos passou a ser arriscado, e o desestímulo levou à procura de novas fontes de renda[(18)].

Sem pretender resolver a espinhosa questão de saber se

os ingleses agiram contra a escravidão por humanitarismo ou por interesse econômico, a verdade é que o movimento abolicionista crescente entre nós, com o apoio internacional da Inglaterra, levara à aplicação de capitais na indústria, que os ingleses estavam implantando aqui no Brasil.

Apesar da dificuldade que o Código oferecia para criar sociedades anônimas, em 1851 já doze empresas passam a funcionar, e até 1859, mais cento e trinta e cinco recebem autorização para funcionamento.

Em 1852, foi aprovada uma lei que concedia juros de até cinco por cento para os acionistas de companhias construtoras de estradas de ferro (leia-se "São Paulo Railway"). A estrada de ferro São Paulo-Santos foi inaugurada em tempo "record" para a época, em 1868.

Richard Graham considera este fato mais importante do que a Guerra do Paraguai, na história do Império(19).

Com o incremento da comercialização do café, em Santos, surge um novo tipo de fazendeiro, que considera sua fazenda "como um capital, não como um meio de alcançar posição social". Eram verdadeiros "empresários agrícolas", adotando novas técnicas e maquinárias, importadas da Inglaterra. E passavam a exigir "mudanças políticas no fim do Império", apesar da "prosperidade geral de que gozava o Brasil"(20). Isto só se poderá entender *se se prestar ao fato das "novas idéias" trazidas da Europa a atenção devida*(21).

A nova situação econômica traz para a sociedade brasileira uma gama de modificações significativas: surgem novos tipos urbanos: os industriais, os engenheiros de estradas, os engenheiros mecânicos, os bacharéis especialistas em Direito Comercial e Falimentar. Paralelamente, o grande centro de cultura para os novos componentes da sociedade era Londres, deixando de lado a herança humanística portuguesa e até mesmo francesa. Pode-se dizer que, nesse período, a cultura francesa continua a exercer sua influência secular entre nós, mas circunscrita aos aspectos artísticos e literários, ficando para a Grã-Bretanha o monopólio cultural em questões ligadas à indústria, ao comércio e, desde muito cedo, à política e ao Direito(22).

Toda esta influência se poderia resumir em duas grandes vertentes: a cultura clássica e neoclássica, do início do século XIX, emanada da França e, interferindo mais na vida econômica e política do país, a cultura liberal inglesa. A cultura clássica francesa produzirá, talvez, como último grande momento, o Positivismo de Augusto Comte, com sua idéia de ordem e de autoridade, visivelmente calcada na tradição romanística, adaptada ao cientificismo do século passado. Já a cultura britânica será o fundamento do Liberalismo, sobretudo pela influência de Herbert Spencer e seu Evolucionismo Individualista, nos pensadores brasileiros infensos ao ideário comteano.

De qualquer maneira era uma segunda ruptura com o Brasil tradicional, na esteira inaugurada pela modernização pombalina, que foi a primeira. Neste segundo momento da vida nacional, o Império era investido, no que ainda manifestava de suporte tradicional, no que ainda tinha de "paternal", de "dominação tradicional", para falar como Weber, por duas frentes de hostilidade: de um lado, o Positivismo, que o atacava exatamente no que ele tinha de não-científico-positivo e, de outro lado, o Liberalismo, que com ele dissentia no que ele guardava de antiliberal.

Derrubado o Império, em 1889, depois da Abolição que dele distanciou os fazendeiros tradicionais, restaram em presença as duas fórmulas culturais transplantadas para os trópicos: o Positivismo, que tinha a simpatia dos militares, o Liberalismo, que tinha a simpatia dos empresários.

Neste quadro cultural competitivo é que se increvem os trabalhos preparatórios do nosso Código Civil de 1916, e em que se pronunciam as sentenças de nossos Tribunais.

III— Evolucionismo, Laicismo, Individualismo, Positivismo: sua Influência sobre o Direito

Entre as filosofias importadas pelos anglófilos, o evolucionismo positivista de Herbert Spencer ocupa o primeiro lugar: tratava-se de uma transposição das teses de Darwin para o campo social, com matriz individualista, isto, como se sabe, em função do "capitalismo liberal" da era vitoriana.

"A adaptação da teoria da evolução à sociedade humana causou grande abalo no Brasil. Spencer, que foi sem dúvida nenhuma um dos mais imaginosos aplicadores dessa teoria, era muito lido e citado no Brasil, (...) era o favorito da nascente classe média, ... principalmente quanto à crença no progresso"[23].

À teoria da evolução se opunha, como era de se esperar, não só a Igreja Católica, mas ainda as várias Igrejas cristãs em geral.

No entanto, a idéia de que o Brasil um dia chegaria, nesse processo de evolução da Humanidade, a ombrear com as grandes nações da Europa e com os Estados Unidos era, no "desenvolvimentismo" que já então se chama "progresso", mais atraente para a mocidade acadêmica de São Paulo e do Rio, de Olinda e Recife, como do Rio Grande do Sul, para os profissionais liberais etc., do que a cosmovisão tradicional.

Aliás, a idéia de progresso era comum também à doutrina de Augusto Comte. Mas havia um importante matiz: para o positivismo comteano o progresso se faria com ordem sob a direção de uma elite, que logo no Brasil se passou a entender como sendo as Forças Armadas; já para Spencer o progresso se faria em termos de "seleção das espécies", "de sobrevivência dos mais aptos", no que se aproximava mais de Darwin. Digamos, o Positivismo comteano conduzia a uma estrutura de governo autoritária, o spenceriano a uma forma de governo liberal quase anárquico[24].

Essas duas correntes incidiram sobre o Direito, no Brasil, de modo diverso e peculiar: o Positivismo comteano, por valorizar a História e, de certo modo, criar a Sociologia e a Antropologia, vai se interessar muito, na linha de um Léon Duguit, por negar a existência de um Direito Natural, quer o católico tomista, quer o jesuítico, quer o racionalista do século XVIII, de Grócio, dos iluministas e de Wolf. Em sentido contrário, vai valorizar sobremodo a História das Instituições, querendo ver sempre a presença dos "Estágios", imaginados por Comte. Seu método é o mais possível emprestado às ciências exatas, como a Biologia.

Sendo historicista, o evolucionismo comteano é uma forma de positivismo em que a ênfase maior está sobre o fato social como gerador de relação jurídica. Por exemplo, no assunto que nos interessa mais de perto, o direito de família é entendido como decorrência do fato social da existência de uma comunidade de pai, mãe e filhos. A autoridade do pai é um direito não "natural" mas decorrente da forma histórica assumida pelo relacionamento entre o pai e a mãe, que levou à supremacia do macho...[25]. Não se coloca em termos individuais.

Já o Positivismo spenceriano, com ser de índole mais darwinista, vê na sociedade a luta contínua de que saem perdedores os mais fracos. O Direito, é, para os spencerianos, uma expressão da força dos mais aptos, tem uma função meramente utilitária, de assegurar os poderes conquistados pelos indivíduos. Daí não existir um direito do pai como representante da família, mas do pai enquanto indivíduo que goza de tais ou quais direitos... "conquistados" sobre a mulher e filhos.

O Liberalismo brasileiro terá imensas simpatias pela modalidade spenceriana, como é óbvio, principalmente porque nele haveria uma virtual justificação da escravidão dos negros, admitindo a estrita desigualdade dos indivíduos, como das raças[26].

Toda uma geração foi educada nas Academias de Direito dentro de uma ou outra de tais Escolas, conforme fosse esta ou aquela a ideologia do catedrático ou de seus lentes, assessores, auxiliares etc.[27].

É claro, também , que tudo se insere num processo de dessacralização progressiva, que culminará com a separação entre Igreja e Estado, casamento religioso e civil, até os nossos dias[28].

Havia então uma dicotomia evidente: de um lado uma elite de professores, de estudantes de Direito, de Medicina, de Engenharia, já conquistados às idéias do Evolucionismo, comteano ou spenceriano, laicista (anticlerical até). De outro lado, a população brasileira, que, em sua imensa maioria, continua seguindo uma concepção de vida que datava dos tempos coloniais, católica, bíblica, tradicionalista, e, nos aspectos que nos dizem respeito, patriarcalmente constituída em famílias de pátrio poder rigidamente respeitado e exercido[29].

Na sociedade brasileira por muito tempo será proscrito como "indecente" o romance de Júlio Ribeiro Vaughan *A Carne*, expressão em forma de narrativa romancesca das teses esposadas pelos sisudos catedráticos das várias Escolas Superiores, a respeito do casamento, da família e da prole[30].

b) A Reação Conservadora e o Retardamento do Código Civil

I — José de Alencar: Características de sua Obra de Ficção: uma Análise Sociológica

Como dissemos, no final do capítulo anterior, a sociedade patriarcal brasileira foi atacada no século XVIII ao mesmo tempo pelo racionalismo iluminista e pombalino e pelo contratualismo romântico de Jean-Jacques Rousseau.

Pode-se até dizer que, unidos num primeiro momento, contra o poder da Metrópole, os dois movimentos, o racionalista e o romântico, passaram a se diferenciar mais e até a se opor, a partir do instante em que os mais recentes frutos do racionalismo, o evolucionismo, o positivismo spenceriano ou comteano começaram a combater um Brasil ainda bastante ligado ao retrato da sociedade patriarcal e rural que tinham sonhado todos os Românticos europeus, com a dificuldade de precisarem recuar à Idade Média, através da prosa de ficção dos Walter Scott, da poesia dos Lamartine, dos romances de Hugo ou Vigny, quanto mais industrializada estava sua terra — enquanto que nós ainda vivíamos num país essencialmente agrícola, com larga faixa do território com a natureza intacta, ainda muito povoada dos índios tão caros a Rousseau e a Chateaubriand.

Chegavam os ingleses com idéias universalistas e cosmopolitas, falando em humanidade, quando muitos ainda apenas queriam ver respeitada a idéia de Nação, para um Brasil recentemente independente.

É onde vai se destacar o notável romancista, mas também educador e jurista, José Martiniano de Alencar. Encarna ele a reação conservadora perante as novas idéias industrialistas, é o principal artífice do retardamento de um Código Civil brasileiro no século passado. Há uma profunda relação entre os motivos pelos quais não nasceu mas "se tornou romancista", de um lado, e os motivos técnicos ou políticos que o levaram a impedir a aprovação do Projeto de Código Civil do insigne Teixeira de Freitas.

Entre Alencar e Teixeira se desencadeou uma polêmica análoga em tudo àquela célebre que opôs Savigny a Thibaut, na Alemanha. Vejamos:

Ultimamente têm sido estudados em profundidade os romances — antes considerados mais "ingênuos" de Alencar — revelando toda uma postura filosófica e política consciente por parte do consagrado autor de *O Guarani* e de *Iracema* ou *Ubirajara*[31].

É claro que a intenção principal de um romancista é distrair, encantar o leitor, mas não se pode esquecer o nexo entre literatura e sociedade[32].

A verdade é que Alencar era um homem de idéias nítidas, claras, e não poderia tratar de tantos assuntos de História sem dar sua interpretação aos fatos do passado, de modo a orientar no presente. Bem nítida é a proposta de formação de uma mística nacionalista indianista, como, aliás, é típico de todo o Romantismo[33].

Mas não é tão óbvia, aparecem matizes mais suaves de uma outra proposta de Alencar, para a vida em sociedade, para a concepção do Estado, da família, do poder paterno.

Tendo bem presente que ele foi o autor mais lido e conhecido do século (mesmo pelos analfabetos que ouviam ler os romances nas noites de serões familiares ou de engenho e fazenda, sem rádio, teatro ou tevê) e que os personagens por ele criados são patrimônio não só de alguns conhecedores de literatura ou de ópera (depois da obra de Carlos Gomes), mas, praticamente, até bem pouco tempo, de todo o povo, mesmo da massa da população, nas cidades ou no interior, concluímos que ele foi um autor "de massa", para usar uma expressão consagrada, embora seu estilo fosse "de elite", mas nunca chegou a ser um autor "difícil", como seria um Camilo, um Euclides e mesmo um Eça, para o leitor brasileiro médio[34].

Em seus romances, Alencar defende, em termos de narrativa, tudo o que com termos jurídicos ou filosóficos dirá depois contra o Código esboçado por Teixeira de Freitas, como também contra o centralismo, para ele demasiado, pretendido por D. Pedro II.

Sua concepção da sociedade é hierárquica e não liberal democrática, como transparece até na descrição da natureza de *O Guarani,* sem negligenciar as analogias próprias dessa escola literária entre os personagens e o meio ambiente[35]. A ação se passa, nesse romance, na época dos Felipes, como já dissemos, em que "Dom Antonio de Mariz" é o protótipo do senhor feudal[36]. Sua concepção da família transparece também em *O Tronco do Ipê,* em que o personagem "Mário"procura a vida toda vingar a morte do pai, como se sua autoridade ultrapassasse as barreiras do túmulo[37]. *Senhora* é uma crítica forte contra a sociedade que se vai instalando, em que o dinheiro compra tudo, ou pretende fazê-lo[38]. Equanto isso, o índio "Ubirajara"é um cavaleiro medieval nas selvas dos trópicos[39], e *Iracema* nos mostra uma virgem índia, com tal senso de honradez, como só o têm o "Sertanejo"e o "Gaúcho", dos romances do mesmo nome, seres todos do mundo rural, que vivem longe da vida moderna, industrializada.

Até que ponto os romances regionalistas de Alencar não são uma crítica ao processo de modernização trazido pelos ingleses, em prol da valorização das características regionais brasileiras, perante o estrangeiro?

II — A Consolidação das Leis Civis

Proclamada a Independência em 1822, continuaram em vigor as Ordenações Filipinas, evidentemente que com a supressão das disposições tornadas caducas pelo fato da Independência, ou seja as de Direito do Estado, por decreto do Imperador de 20 de outubro de 1823.

A Constituição de 1824 organizou a vida política do Brasil, e em 1830, o Código Criminal do Império fez cair o Livro V das Ordenações a respeito de Direito Penal, em terras brasileiras. A Lei Imperial de 29 de novembro de 1832 promulgava o Código de Processo Criminal e só em 1850 um Código Comercial veio substituir as Ordenações em matéria de Direito Comercial (Lei nº 556, de 25 de junho de 1850).

Continuaram, no entanto, valendo as Ordenações em matéria tão capital como é a do Direito Civil.

No entanto rezava a Carta de 1824: "Organizar-se-á, quanto antes, um Código Civil e Criminal, fundado nas sólidas bases da Justiça e da Eqüidade" (artigo 179, inciso XVIII).

A 15 de fevereiro de 1855 era celebrado um contrato entre o Governo Imperial, representado por seu Ministro da Justiça, Nabuco de Araújo, e o Bacharel Augusto Teixeira de Freitas, para classificação e consolidação de toda a legislação civil. Dizia o contrato: "A consolidação será feita por título e artigos, nos quais serão reduzidas a proposições claras e sucintas as disposições em vigor"(cl. 3). Uma comissão constituída por Nabuco de Araújo para rever o projeto de Consolidação dará parecer favorável, em 4 de dezembro de 1858, ficando o trabalho de Teixeira de Freitas recompensado[40].

Feita a *Consolidação das Leis Civis*, Rio, Ed. Laemmert, 1857, agora se abria caminho para a redação do Código Civil Brasileiro, mas o Imperador e seu Ministro não seguiram o exemplo de Napoleão ou de Justiniano, nomeando uma comissão de vários juristas para redigir o Código, incumbindo Teixeira de Freitas para, sozinho, elaborar o *Projeto*. Como era forçoso suceder, o Projeto de Teixeira de Freitas (que modestamente o chamou "Esboço"), não foi considerado satisfatório, de modo que a Consolidação das Leis Civis — em que se acoplavam às Ordenações disposições posteriores, ficou como o diploma legal mais consultado, até o Código que entrou em vigor em 1917.

O pátrio poder no Esboço vem incluído entre os "Direitos Pessoais nas Relações de Família", ao lado do casamento, parentesco, tutela e curatela, na Iª Seção do livro I (Dos Direito

Pessoais), na Parte Especial. Apoiado em Savigny, Teixeira de Freitas divide os direitos em reais e pessoais, evitando toda confusão entre o disposto na Parte Geral: Título I, das Pessoas; e Título II, das Coisas; e o disposto na Parte Especial: Livro I: Dos Direitos Pessoais, com duas Seções: Dos Direitos Pessoais nas Relações de Família e Dos Direitos Pessoais nas Relações Civis. Por relação de família entende a que "se dá de invidíduo para indivíduo determinado", repugnando-lhe como ao mestre alemão "envolver os direitos de família com as obrigações". Distingue também o Direito de Família "puro" do "aplicado", sendo que este fica na divisão com os patrimoniais. Quer dizer, por exemplo, que os direitos patrimoniais sobre os bens do filho menor que compõem o pátrio poder não são classificados juntamente com os direitos sobre a pessoa do filho.

Com acuidade, Teixeira denuncia a má utilização da denominação "Direitos Pessoais sobre Coisas", como defeituosa, porque "induz a perceber com inexatidão que nas relações de família não há direitos pessoais sobre as coisas e porque altera a índole dos direitos pessoais, em que não se atende senão à pessoa como objeto de direito, e não imediatamente ao fato, que pode referir-se a uma coisa propriamente dita ou a um serviço". (Cf. *Esboço do Código Civil,* Rio. Ed. Laemmert, 1860).

Teixeira de Freitas distingue pois, de modo preciso, o caráter pessoal do patrimonial em matéria de pátrio poder, o que o coloca como imediato precursor da compreensão de Clóvis Bevilaqua.

Mas, embora citando freqüentemente Savigny, não é Teixeira de Freitas um "Histórico", tanto que procura sistematizar o Direito, para reduzi-lo aos artigos de um Código Civil. Aí está o motivo de sua polêmica com Alencar, então Ministro da Justiça, admirador do feudalismo, como transparece em sua obra de ficção.

Tal polêmica transparece na jurisprudência, ora, dir-se-ia, lamentando a permanência ora se ufanando das "Ordenações Filipinas" vigentes: veja-se a seguir, no item *d.*

III — Alencar e a Sistemática do "Esboço"

Silviano Santiago nos diz: "O feudalismo de Alencar não é apenas figura de retórica, mas é utilizada para produzir um discurso onde exatamente se dá poder ao Senhor (de terras) para questionar os exageros do estamento burocrático (imperial). Feudalismo e crítica à burocracia vão 'bras dessus, bras dessous' no discurso alencarino".

Romântico em literatura, José de Alencar foi um adepto da Escola Histórica, em Direito, ao manifestar-se contrário à promulgação de um Código Civil. Lembremos que, na Alemanha, mais ou menos na mesma época, o líder da Escola Histórica, Frederico Carlos de Savigny, se ergue contra o Projeto de Código Civil Alemão, pois, como esclarece Guido Fassò, o Historicismo de Savigny não aceita um Código de Direito, para ele expressão do Direito Natural Racional do século XVIII, que nada teria a ver com a nação alemã, em seus usos, costumes e tradições. Mas também "para proteger privilégios e interesses que seriam golpeados pelo igualitarismo de um Código de tipo iluminístico"[(41)]. Invoca também Savigny a impossibilidade de um Código único para uma Alemanha multifacetada, "com situações históricas diversas"[(42)].

Profundo conhecedor das diversidades regionais do Brasil, que descreveu em seus romances *O Gaúcho, As Minas de Prata, O Sertanejo* etc., Alencar condena um Código único para o Brasil e não aceita a abolição imediata da escravatura, base da riqueza agrícola do Brasil latifundiário que ele representará no Parlamento e depois no Ministério da Justiça[(43)].

Mas sua posição é mais inteligente, não se pronuncia sobre a legalidade da propriedade de um escravo, antes define que a "personalidade humana nunca pode ser objeto de um direito sob pena de degradar-se à condição de coisa; ela é unicamente o termo da relação jurídica"[(44)]. Daí não aceitar de forma alguma a divisão proposta por Teixeira de Freitas de "Pessoas, Bens e Fatos"[(45)]. Não aceita um só Direito Civil e se coloca numa posição como a de Savigny ao querer a continuidade dos usos e costumes locais, em matéria civil, já sendo considerado mais do que suficiente o Código Comercial de

1850, para regular os atos e fatos do comércio. E sentenciava: "Um Código Civil não é obra de um talento ou da ciência unicamente, mas sim é obra dos costumes, das tradições, em uma palavra da civilização brilhante ou modesta de um povo"[46]. Savigny diria, do "Volksgeist", que, como lembra Tércio S. Ferraz, "relega a segundo plano a sistemática lógico-dedutiva sobrepondo-lhe a sensação (*Empfindung*) e a intuição (*Anschauung*) imediatas. Savigny enfatiza o relacionamento primário da intuição do jurídico não à regra genérica e abstrata, mas aos 'institutos de direito' (*Rechtsinstitute*), que expressam as 'relações vitais' (*Lebensverhältnisse*) típicas e concretas. Os 'institutos' são visualizados como uma totalidade de *natureza orgânica*, um conjunto vivo de elementos em constante desenvolvimento. É a partir deles que a regra jurídica é ex-traída mediante um processo abstrativo e artificial, manifestando o sistema, assim explicitado, uma contingência radical e irretorquível"[47].

Para o seguidor da Escola Histórica, um Código Civil era, nos termos em que o colocara Teixeira de Freitas, como sistematização *racional*, sem base ou *fundamento histórico*, na realidade nacional plurifacetada, absolutamente inviável[48]. Ora, Alencar era um adepto da Escola Histórica, tanto quanto o era do Romantismo[49].

Além disso, um Código Civil ao tratar da vida privada iria regular situações que só tinham justificação na História, nunca na razão, como era a da família, iria — com base nas teorias civilistas em voga em Portugal, como herança da Reforma de Coimbra — entrar em choque com as instituições do casamento, da filiação, do pátrio poder, que no Brasil ainda seguiam as Ordenações dos Felipes.

Em matéria de propriedade é claro que levaria avante os conceitos trazidos pelo industrialismo, desvalorizando o valor da terra, em benefício do capital de giro, das ações na Bolsa, enfim, mudando o eixo da economia nacional.

Por isto Alencar, representando todos os interesses em jogo, concluía: "A organização da propriedade, tal como se pretende, é absurda. Não foi a miséria, nem o delírio político, nem a febre reformista que arrancaram das entranhas da sociedade o grito convulso do comunismo, (*sic*) foi a consciência indignada dessa organização individualista da propriedade, que se exacerbou, e a indignação prorrompeu, desvairando-se como toda paixão possante"[(50)]. Alencar não condena utopicamente a propriedade, mas não compreende a clamorosa organização social" (*sic*) que dela resulta, que chama mesmo de "monstruosa"[(51)].

Tal reação anticapitalista antecede de certo modo a análise marxista e é freqüente na pena dos adeptos da Escola Histórica, como Joseph De Maistre, Luis De Bonald, na França e Edmond Burke, na Inglaterra, Adam Müller e Frederico Schlegel, antes de Savigny, na Alemanha, Sílvio Pellico, Alessandro Manzoni e o B. Contardo Ferrini, na Itália[(52)]. Em nossos juízes e desembargadores a tendência era análoga, como se vê no item *d* a seguir.

A reação da família patriarcal ao processo de modernização não constituiu uma exceção nos fenômenos de mudança cultural, social e jurídica. Luhmann lembra que "a positivação do Direito é uma conquista evolutiva, e como tal um produto extremamente improvável, pois necessita de pré-condições, e por isso mesmo não se realiza de modo contínuo, mas 'por saltos', cada um dos quais corresponde ao superamento de determinadas barreiras que são 'pontos sem retorno' da evolução social, assinalando o ingresso em novos estádios de desenvolvimento social"[(53)]. No Brasil do século XIX, a modernização trazida no campo tecnológico pela industrialização, as novas orientações intelectuais de uma elite universitária etc. não foram — por si mesmas — suficientes para levar à promulgação de um Código Civil, como positivação do Direito na esfera da vida pessoal, familiar, fundiária, porque ainda tinham viva força as barreiras erguidas pelo próprio processo de emancipação: a forma sacral do poder monárquico, a constituição patriarcal e escravista das elites rurais, "pontos sem retorno", no sentido de que não se poderia abrir mão delas sem — "ipso facto" — comprometer a própria independência da Nação, jovem se comparada com as velhas potências européias e os Estados Unidos.

Quanto os aspectos mais palpáveis dessa reação e a hostilidade manifestada por José de Alencar e toda uma corrente de pensamento jurídico nacional, de que ele, como Ministério da Justiça e Senador, se fazia o ingênuo e até voluntário intérprete (mas muito convicto do que dizia mesmo em seus romances, como já se viu), Niklas Luhmann considera que o direito de propriedade — alvo no caso de críticas acerbas de toda uma mentalidade contra-revolucionária, primeiro, e marxista depois — era inaceitável nos novos termos colocados pelo capitalismo industrial porque a propriedade, no sistema antigo, era, basicamente a propriedade fundiária, enquanto que no sistema capitalista — "avançado" — "A propriedade só pode ser interpretada, tal como o trabalho, em termos de dinheiro (capital). *Nisto consistiu a revolução burguesa* (grifo de Luhmann)"(54). Ela é referida em vários Acórdãos dos Tribunais.

Como só se realizaria a positivação do Direito Civil com o aparecimento de novos fatores sociais abriram-se novas perspectivas no final do século com a forma republicana de governo e, nas primeiras décadas do século atual, com o aparecimento das grandes aglomerações urbanas, industrialismo nascente e/ou crescente e as primeiras manifestações de massa operária.

c) Reflexos na Doutrina

I — A Doutrina na Década de 70

"A autoridade paterna não é pura criação do direito positivo, este apenas regula o movimento de um fato que a mesma natureza estabeleceu. (...) Por isto, nosso Direito não vê na menoridade o fundamento do pátrio poder. A Resolução de 31 de outubro de 1831 não tem aplicação no seio da família (*sic*) para acabar o vínculo que liga o filho ao pai, de qualquer idade que seja, cf. *Ordenações,* Liv. IV, tít. 83". Esta a doutrina expressa por João Pereira Monteiro, em 8 de setembro de 1874. Espelha um modo de pensar de nossos juristas nessa época, ainda fortemente influenciado pelo jusnaturalismo do século XVIII, para não dizer do século XVI, sabendo de nossa origem colonial-jesuítica, acima apontada(55).

Quer isto dizer que o Império passou a existir juridicamente, a partir da Constituição de 1824, tornando indiscutível: a forma do governo (monárquico), a forma de estado (unitário), a divisão do território nacional (em províncias), a cidadania (para os nascidos no Brasil), mas a capacidade de intervenção do Estado, por todos reconhecido como realmente legítimo e soberano, não era admitida nem sequer na teoria jurídica, como se percebe ao ler as considerações de Francisco Otaviano de Almeida Rosa: "Aduzir-se-á que as *Ordenações*, Livro IV, título 92 (como lei) se tornou incompatível com a Constituição Política do Império, a qual proclamou a igualdade jurídica civil dos cidadãos, implicitamente revogou a lei anterior? A Constituição estatuiu as bases da nova organização política, *mas não derrogou implicitamente as leis que regulavam as relações da vida civil, os direitos de família, as questões de estado (status)*"[56]. Grifamos as últimas considerações por revelarem todos os matizes de uma posição doutrinária: 1º) que a Constituição não se refere à vida civil; 2º) que as normas que regulam a vida civil não devem estar subordinadas à Constituição; 3º) que as normas das *Ordenações* regulavam a vida civil, não havendo necessidade de inovar em matéria como direito de família etc.; 4º) que não cabe ao poder público regular as relações de vida privada. São ilações que podemos tirar com facilidade.

A distinção entre o que é matéria de Direito Público e o que é matéria de Direito Privado, como se percebe, foi o ponto de que partiu a argumentação. Como se sabe, atribuiu-se tal divisão aos juristas romanos, interpretando-se como uma verdadeira separação entre o que é da competência do Estado regular, e o que deve ser regulado livremente entre particulares. Que esta fosse uma posição doutrinária do século XIX, do Estado "gendarme", é compreensível, mas é impossível — por tudo o que foi dito na Primeira Parte deste trabalho — buscar no Direito Romano clássico amparo para tal concepção. O Direito Público é o que diz respeito ao Estado "quod ad statum rei Romanae spectat", no dizer de Ulpiano (*Digesto* I, 1, 1, 2). "Spectat" é o modo indicativo do verbo "Spectare" = "estar voltado para", como consta do *Dicionário Latino-Português* de

Torrinha. Eis por que motivo Alexandre Correia e Gaetano Sciascia traduziram por: "O direito público versa sobre o modo de ser do Estado romano" em seu *Manual de Direito Romano* (p. 20 da ed. de Cadernos Didáticos). Não significa, evidentemente, que o Estado não pudesse legislar em matéria de relações familiares. Aliás, as Ordenações também foram uma ação do Estado, no caso o Estado português à época dos Felipes. No entanto, nossa conclusão se impõe, a releitura das Ordenações e do Direito Romano, feita no século XIX, levava a posições que só contribuíam para impedir a mudança da legislação, a elaboração de um Código Civil de acordo com a Constituição, que o prometia para logo no seu artigo 179, § 18: "Organizar-se-á, quanto antes, um Código Civil e Criminal, fundado nas sólidas bases da justiça e da eqüidade".

Ora, o Código Penal veio depois de alguns anos, em 1830. Negava-se, absolutamente, no entanto, que se devesse tentar harmonizar com a igualdade jurídica, garantida pela letra da Carta, a legislação civil do país.

No entanto, ponderava o Marquês de São Vicente: "Qualquer que seja a desigualdade natural ou causal dos indivíduos, a todos os outros respeitos, há uma igualdade que jamais deve ser violada, e é a da lei, quer ela proteja, quer castigue; é a da justiça, que deve ser sempre uma, a mesma e única para todos, sem parcialidade ou preferência alguma"(57).

Ora, reconhecendo-se como válidas as Ordenações do Reino, permanecia, entre outras, a desigualdade patente entre o cidadão filho-família — sob o pátrio poder, enquanto vivesse seu pai — e o cidadão emancipado (como já se viu no início deste item), em contradição com o que se poderia chamar de "liberalismo retórico", contradição não acidental, mas "para garantir os princípio mantenedores da estrutura", daí nascendo a "incongruência entre as idéias e a ação"(58).

Esta incongruência explica, como se verá na parte relativa à Jurisprudência, as divergências entre Tribunais Provinciais e a Suprema Corte.

II — A Doutrina na Década de 80

Já na década de 1880 a 1889 observam-se algumas modificações:

Em suas "Razões", com data de 20 de março de 1880, Joaquim Francisco Pereira Júnior analisa o alcance do pátrio poder perante o fato da imigração. Um português filho-família que viesse para o Brasil, "para ganhar sua vida", permaneceria ainda sob o poder do pai, vivo em Portugal? E responde: "Não se diga que o fato de vir para o Brasil não importa a cessação do pátrio poder, porquanto seria preciso aceitar o absurdo de exercer o pai que ficou na Europa o pátrio poder sobre o filho que veio para a América *ganhar sua vida"* (grifo dele). E prossegue: "O filho-família que publicamente negocia é por direito e estilo (*sic*) do comércio havido por maior, e conseguintemente pode fazer parte de sociedades mercantis e obrigar-se por elas (Visconde de Cairu — *Direito Mercantil,* Título V, Cap. 22)"[59].

Em decorrência da imigração, portanto, sofria o pátrio poder um importante reajustamento. A citação de Cairu é também expressiva, pois as necessidades do comércio impunham a emancipação, refletindo bem a mudança por que passava economicamente o país. Aliás, o Código Comercial foi promulgado em 1850, exatamente para atender às necessidades dos comerciantes, que teriam todo o interesse em ver suas atividades reguladas por lei.

Nos "Embargos" de 17 de dezembro do ano seguinte, o advogado Rodrigues Torres Neto se queixa de que um Acórdão que não considera emancipado pessoa maior de 21 anos "joga com o direito antigo, enquanto que o direito moderno determina sua habilitação para todos os atos da vida civil", como adiante se dirá, ao analisarmos a evolução da Jurisprudência.

A modernização decorrente da industrialização, no entanto, esbarrava com a viva reação dos principais interessados na manutenção do "statu quo ante", da economia agrária, escravocrata, patriarcal. Como são eles os líderes locais cuja voz chega ao Parlamento, entende-se a forte corrente oposta a qualquer mudança legislativa em matéria de propriedade, família e sucessões. Alguns, por mais abertos, aceitam a necessidade de uma adaptação das velhas Ordenações Filipinas ao Brasil da "belle époque", da industrialização, do sistema capitalista, fatalmente influindo nas relações sociais e familiares, trazendo o cosmopolitismo, sobretudo nas grandes cidades. Tudo isto é aceito e compreendido pela nata de nosso pensamento jurídico.

Entretanto, quanto à codificação em si, que viria consolidar as novas concepções em forma de artigos de lei, prosseguiam as reticências: "No sentir comum, já demais tarda o Brasil na organização do seu Código Civil, mas convém que tenha um Código, senão superior, igual aos dos povos mais cultos. Ao invés, é mui preferível não haver Código". Esta a conclusão de um denso parecer da Comissão encarregada de analisar o Projeto de Código Civil, parece que tímido pelo título adotado por seu autor: "*Apontamentos para um Código Civil Brasileiro*", de Joaquim Felício dos Santos. O argumento é o seguinte:

"Entende a Comissão que o projeto não oferece inda base suficiente para uma revisão, e antes convém que seu autor formule sobre ele um projeto, segundo um plano a que alude o parecer (desta Comissão).

Ou seja: "Convém que (ela) não interrompa seus esforços e antes fique permanentemente constituída para levar a efeito a organização do Código Civil, conciliando a urgência de tão relevante benefício com a necessidade de um aturado exame que o assunto exige". Era a opinião de Manuel Pinto de Souza Dantas[60].

O Parecer da Comissão, "com a isenção que o assunto requer", toma como ponto de partida que "um Código é o grau mais elevado a que se ergue o espírito jurídico de um povo no empenho de reduzir à unidade as suas relações e instituições, de ordenar em uma grande lei o seu direito positivo". Reconhece que "os *Apontamentos* (...) regem, em grande parte com sábias provisões as relações de família". Mas, sem mais pormenores, opina que "algumas inovações, porém, encontram *resistência* nas atuais relações jurídicas" (grifo nosso). Não explica o Parecer que "inovações" seriam essas tão em desacordo a ponto de "encontrarem resistência" nas "atuais relações jurídicas", nem por que motivo as inovações devessem recuar — já que são "provisões sábias" — perante as tais "relações jurídicas" existentes. Nada se explica com cuidado, mas se conclui que "é mui preferível não haver Código"(61).

Quanto a se considerar o Código como "um ponto de chegada", resultado do amadurecimento jurídico de um povo, era, como já se viu, na crítica de Alencar ao Esboço de Teixeira de Freitas, um postulado da Escola Histórica e uma das razões para Savigny ter lutado contra o Código Civil Alemão. Faltou-nos, então, não juristas à altura de um Thibaut e de um Windscheid, que os tínhamos, mas um Bismarck...

d) Reflexos na Jurisprudência dos Tribunais. Ela deixa de ser Pacífica

I — As Tendências Patriarcalistas nos Tribunais Provinciais

A inexistência de um Código Civil, no Brasil, dava à Jurisprudência dos Tribunais um papel preponderante na adaptação perene da norma à vida quotidiana, sobretudo se se observar que estavam em vigor leis do século XVI, as "Ordenações Filipinas", em matéria civil, já há tempos revogadas pela promulgação de um Código Civil em Portugal (1º de julho de 1867).

Ora, em tal jurisprudência não havia consenso no que tangia à matéria de pátrio poder.

Isto se vê, claramente, no estudo das decisões judiciais de então: a tendência — sem dúvida pelos motivos alinhados no capítulo anterior, desta mesma Parte — era notoriamente pelo fortalecimento do patriarcalismo e o pátrio poder. Assim é que, em 1872, nos autos da Apelação Cível 14369, a sentença de 1ª Instância considerava que a diferença entre "nobres e plebeus caducou depois da Constituição Política do Império". Contra isto apelavam Bonifácio de Camargo e sua mulher, interpretando que "as leis de duas faces, conservando constantemente um olho no passado e o outro no futuro, esgotam a fonte da justiça e da confiança, tornam-se um princípio de injustiça, de subversão e de desordem". O Apelado dava suas razões: "O

Livro IV das Ordenações se tornou incompatível com a Constituição do Império, a qual proclamou a igualdade de todos os cidadãos. A Constituição estatuiu as bases da nova organização política... embora seja certo que a jurisprudência alguma vez vacilou".

O Acórdão confirmava a sentença do juiz, para não ferir frontalmente a Constituição de 1824, julgando-a correta "por seus fundamentos conformes às disposições de Direito"[62].

Entretanto, o mesmo Tribunal, na Revista Cível nº 9948, de 1883, isto é, dez anos depois, ainda considerava que "filhos-famílias, vivendo sob pátrio poder, não poderiam ser tidos como emancipados para que pudessem alienar ou hipotecar bens adventícios, dos quais não têm administração e usufruto, em vista da lei". Decidiu conforme a *Ordenações,* Livro I, 4º, Títulos 97 e 98.

Nos seus Embargos, o advogado Rodrigues Torres chalaceia: "Há muito manifesto equívoco, o Acórdão joga com o direito antigo, enquanto que o direito moderno determina: os maiores de 21 anos ficam habilitados para todos os atos da vida civil". Por "direito moderno" entenda-se a legislação de 1831 que emancipava aos 21 anos, dando o indivíduo por maior de idade, capaz de todos os atos da vida civil.

Foram os embargos desprezados "pela improcedência dos fundamentos". Quanto à Lei de 31 de outubro de 1831, dizem os desembargadores, surprendentemente: "A lei apenas determina a época da maioridade, mas não regula a emancipação (*sic*), tendo o maior pai vivo sob cujo poder permaneça. Pelo direito em vigor é filho-família aquele que está em poder do pai, de qualquer idade que seja (*sic*)".

A ironia do advogado Rodrigues Torres não deixa tal enormidade sem corretivo: "Os sexagenários que porventura vivam com seus pais que façam seus protestos contra a doutrina do digno juiz 'ad quem'"... Pediu então Revista e sobem os autos à Suprema Corte, no Rio de Janeiro, intérprete supremo do poder judiciário no Império: seu ponto de vista foi acolhido: "Concedem a pedida revista por injustiça notória dos Acórdãos..." e precisa: "que violaram a expressa disposição do artigo 1º da Resolução de 31/10/1831, que manda que aos 21 anos completos termine a menoridade e se esteja habilitado para todos os atos da vida civil"(63). É o que já lembrava o mesmo supremo tribunal da época, em 1868: nossa Constituição de 1824 e demais leis e regulamentos posteriores estavam em vigor e, havendo choque com qualquer disposição do "Ancien Régime" (das *Ordenações*), dever-se-ia optar pela lei mais recente. Foi assim que não reconheceu como critério sucessório o "estado de nobreza", designação que sobrevivia da anterior legislação, por timbrar em defender que "pela Constituição do Império todos os cidadãos são iguais perante a lei", e — até com acrimônia — lembrava: "nobreza não se deve considerar provada pelas riquezas do pai da recorrente, senhor de engenho de açúcar, embora o habilitassem a andar a cavalo" (Sentença da Suprema Corte na Revista Cível 7062, em 6/6/1868)(64).

A tendência provinciana, de outro lado, era no sentido de fazer reviver antigos privilégios, inclusive da antiga Cavalaria, contemplados nas "Ordenações" e que nada tinham em comum com a posse de um cavalo, como meio de locomoção, mas disto se pretendia tirar jurisprudência para favorecer determinada jovem de família "nobre" (leia-se "rica"), filha natural, para escapar das exigências legais que as "Ordenações" reservavam aos plebeus.

E estávamos já em 1868.

Viu-se também o poder patriarcal ressalvado, contra a lei de 1831, pelo tribunal local, mesmo sobre filhos maiores, apenas não aceito na suprema Instância da Corte.

II — O Sentido "Modernizador" das Decisões da Suprema Corte na Teoria Luhmanniana da Legitimação pelo Procedimento

As decisões dos tribunais locais, no fundo, refletem situações originais nos tempos coloniais, de que não conseguiu triunfar totalmente a Reforma Pombalina, como já se verificou, e que pretendiam ignorar a Constituição de 1824 em seu aspecto senão "democrático" pelo menos "democratizante", como analisamos no item anterior.

Nesse caso, a Suprema Corte vai desempenhar o papel de órgão modernizador, como também se percebeu facilmente. Ela é que insistirá sobre o primado da Constituição de 1824, defenderá o princípio da igualdade jurídica, exigirá a obediência aos Regulamentos em todo o território nacional. Isto explica também sua posição no sentido de subtrair ao domínio dos patriarcas seus filhos maiores de 21 anos, interpretando sem concessões a letra do Regulamento de 1831, como se observou.

Sem a existência de um Código Civil sua tarefa não era fácil, pois os patriarcas continuavam se apoiando nas *Ordenações* e a Jurisprudência local lhes dava quase sempre ganho de causa. Mas desde que os autos subiam para Revista junto à Suprema Corte, esta corrigia as decisões de primeira ou segunda instância em flagrante ou velada tentativa de ignorar a Constituição do Império.

No fundo, os poderes locais defendiam a tese da não-intervenção do Estado nas questões familiares, como ficou patente ao analisarmos a situação doutrinária do pátrio poder mesmo depois dos anos 60.

Agindo "a contrario sensu", a Suprema Corte, usando de seus poderes expressamente garantidos pela lei de 18 de setembro de 1828, que a constituiu como "Supremo Tribunal de Justiça", sobretudo nos seus artigos 5 e 6 — dava como legítima a intervenção em tais assuntos familiares, como em outros quaisquer onde houvesse "injustiça notória" ou "manifesta nulidade" (art. 6).

Legitima-se assim a atuação do Estado em matéria de Direito Civil, pelo procedimento.

A legitimação pelo procedimento, como leciona Niklas Luhmann, não se confunde com a que se alicerça em valores supremos. Como explica Tércio Sampaio Ferraz Júnior, "a possibilidade de se fundar a legitimidade em valores supremos é rechaçada. Isto porque, na série regressiva das decisões, sempre topamos com um pluralismo de valores que não se fundam em verdade, mas são, ao contrário, atos de crença, admitidos como fatos. Luhmann contudo, é um decisionista mais arguto. Sem eliminar o caráter decisório da legitimidade, ele evita o problema do regresso a uma decisão última, no início da série, mostrando que a legitimidade não está ali, mas no próprio processo que vai do ponto inicial do procedimento de tomada de decisão até a própria decisão tomada. É, assim, o procedimento mesmo que confere legitimidade e não uma de suas partes componentes"[(65)].

Aplicando a nosso estudo tais observações, perceberemos a clara tendência dos Tribunais provinciais no sentido de fundamentar o pátrio poder e as decisões sobre sua extensão ou permanência em "valores supremos", quais eram então considerados os do Direito Natural, quer em sua formulação suareziana, do século XVII (o que denominamos "jusnaturalismo jesuítico", no capítulo anterior), quer em sua roupagem racionalista do século XVIII.

Ora, a Suprema Corte de Justiça do país, sem discutir tais fundamentos, objeto de generalizada "crença", legitimava suas decisões nos poderes de rever nos casos previstos no artigo 6, segundo o procedimento: ao subirem os autos não se discute mais a legitimidade da decisão tomada, mesmo que contrarie a decisão de 1ª instância, ou do Tribunal provincial, que são todas "partes componentes" do procedimento, tanto quanto o é a mesma Suprema Corte, o recurso de Revista e a decisão final que a ela corresponde, em termos também procedimentais.

Quer dizer: "Os procedimentos são de fato sistemas sociais que desempenham uma função específica, designadamente a de aprofundar uma única decisão obrigatória. (...) À ordem inerente ao sistema pertence ainda um projeto seletivo de ambiente, uma visão "subjetiva" do mundo, que, de entre as possibilidades do mundo, só escolhe alguns fatos relevantes, acontecimentos, expectativas, que considera significativos. É através dessa redução que os sistemas permitem uma orientação inteligente da ação"[(66)].

Que era "subjetiva" a visão do Ministros, que importava numa visão seletiva de certos acontecimentos (por exemplo, a imigração, como vimos), alguns fatos relevantes (*v.g.* o exercício do comércio), determinadas expectativas (de modernização social em decorrência da industrialização), não há como negá-lo. Mas a legitimidade de sua decisão vem do procedimento que lhes outorga o poder de rever decisões que partiram de pontos de vista diversos ou até opostos, e não da "verdade" maior ou menor contida em tais decisões supremas.

NOTAS DO CAPÍTULO II (PARTE II)

(1) Alberto Febbrajo, *op. cit.*, p. 95

(2) J. P. Oliveira Martins — *História de Portugal.* Lisboa, Tip. Parceria A. M. Pereira, 1917, 9ª ed., II tomo, p. 176. Para Manuel Nunes Dias o terremoto foi o "sinal telúrico" de uma radical mudança, *op. cit.*, p. 109.

(3) Michel Viley — *La Formation de la Penseé Juridique Moderne,* cit., mostra o mecanismo da substituição de um jusnaturalismo por outro, na obra de Hugo Grócio, pp. 597 e segs.

(4) À expressão "não era um movimento *revolucionário*" estamos dando o sentido corrente de "subversão", "mudança violenta de forma de governo", no sentido estrito, e não no sentido amplo, pois neste caso se deveria admitir que o Iluminismo foi profundamente "revolucionário", ao mudar as estruturas da sociedade tradicional e caminhar para a implantação do Estado moderno. Ou como precisa José Pedro G. de Sousa: "Insurgiram-se os soberanos contra os privilégios que representavam uma limitação ao seu poder. Nesse ponto podiam entender-se perfeitamente com os pseudofilósofos, os quais apregoavam uma reforma igualitária, visando destruir a hierarquia social" *(Introdução à História do Direito Político Brasileiro.* São Paulo, Ed. Saraiva, 1959, 2ª ed., p. 59).

(5) Pierre Gaxotte já vislumbra em Fénelon, preceptor do herdeiro do trono francês, o duque de Borgonha, os primeiros passos do espírito do século XVIII *(Le Siècle de Louis XV.* Paris, Ed. A. Fayard, 1980, 2ª ed., pp. 28 e segs).

(6) Para Suárez, ainda um escolástico, o supremo detentor da soberania é Deus, mas o poder do soberano lhe advém do consentimento dos súditos. Já para Jean-Jacques Rosseau o poder vem do povo pelo fato de que ele (povo) é soberano. Sobre as várias concepções de soberania ver Sahid Maluf, *Teoria Geral do Estado.* São Paulo, Sug. Literárias, 1980. 11ª ed., pp. 47 e segs.

(7) Delso Renault — *O Rio de Janeiro Antigo nos Anúncios de Jornais.* Rio de Janeiro, 1969. V. tb. J.F. de Almeida Prado, *Jean Baptiste Debret.* São Paulo, Cia. Ed. Nacional, Bras. 352, e EDUSP, 1973.

(8) *Independência: Revolução e Contra-Revolução,* cit., vol. I.

(9) João Camillo de Oliveira Torres — *A Democracia Coroada.* Petrópolis, Ed. Vozes, 1964, pp. 81-87.

(10) Richard Graham — *A Grã-Bretanha e o Início da Modernização do Brasil.* São Paulo, Ed. Brasiliense, 1973, p. 29.

(11) Graham, cit., pp. 29 e 30.

(12) Oliveira Lima — *O Império Brasileiro.* São Paulo, Ed. Melhoramentos, 1962, 4ª ed., p. 496. V. tb. J.C. de Oliveira Torres: "Procurava-se o estabelecimento de um regime de liberdade e de igualdade de possibilidades para o maior número..." (*op. cit.* sup., p. 382).

(13) Graham, *op. cit.*, pp. 48 e 49.

(14) Por aqui vemos uma herança típica do século XVIII e de Pombal, que ainda permanecia, depois de 1822, no Brasil. Os bispos e padres eram funcionários do Estado, dependentes do Ministério de Cultos.

(15) "Os inovadores brasileiros acreditavam firmemente que uma das primeiras medidas do governo seria neutralizar a influência exercida pela antiga mentalidade tradicional e deixar de intervir nas transações comerciais" (Graham, *op. cit.*, p. 225). Como se sabe, em termos econômicos, o não-intervencionismo era a principal característica do liberalismo do século passado, que construiu o"British

Empire".
(16) *Op. cit.*, p. 32.
(17) *Ibid.*, p. 33.
(18) *Ibid.*, p. 33.
(19) *Ibid.*, p. 35.
(20) *Ibid.*, p. 39.
(21) Gilberto Freyre, em *Ingleses no Brasil*, anota mais de cem expressões inglesas então incorporadas à linguagem do homem de sociedade (pp. 30 e 31), vários nomes da poesia e da literatura inglesa que se tornam familiares aos brasileiros (p. 32). Cf. Liv. José Olympio Ed. e MEC, 2ª ed., Rio de Janeiro, 1977.
(22) Havia um verdadeiro cotejo entre as duas culturas, a inglesa e a francesa, como se notou claramente na formação de Joaquim Nabuco e de um Eduardo Prado. (Cf. Levi, Darrell — "The Prado Family, European Culture and the Rediscovery of Brazil, 1860-1930", in *Revista de História*). São Paulo, 1975, nº 104, pp. 803-824.
(23) Graham, *op. cit.*, pp. 243 e 244.
(24) Graham, *ibid.*
(25) Cf. Clóvis Bevilacqua — *Direito de Família.* Rio de Janeiro, Ed. Rio, 1976, 7ª ed., pp. 17-20.
(26) Graham assevera que havia spencerianos abolicionistas e que o mesmo Spencer era contrário à escravidão, mas na verdade, sua teoria conduzia, implacavelmente, à permanência do sistema escravista. *Op. cit.*, pp. 257-260.
(27) Cf. a multiplicidade de adesões às várias modalidades de Positivismo na Faculdade de Direito de São Paulo, *in* "Pensamento Filosófico no Primeiro Século da Academia" pelo Prof. Dr. Reynaldo Porchat *in Revista da Faculdade de Direito.* São Paulo, 1928, vol. XXIV, pp. 333-374.
(28) "O nosso Direito Civil é absolutamente leigo". É a conclusão de um investigador emérito, Waldemar Ferreira: *História do Direito Brasileiro. Op. cit.*, vol. II, p. 179.
(29) Em certo sentido, isto se vislumbra até os anos 30, como pudemos pesquisar em nossa dissertação de Mestrado, concluindo que a sociedade brasileira permanecia tradicional, até o advento da influência do cinema, do rádio, nos anos 35-45. (Cf. *Hollywood na Cultura Brasileira.* São Paulo, Ed. Convívio, 1979, pp. 65-79).
(30) Que Júlio Ribeiro Vaughan fosse um evolucionista spenceriano, e que seu darwinismo transparece em *A Carne* é opinião de R. Graham, p. 253.
(31) Silviano Santiago, art. "Liderança e Hierarquia em Alencar" *in Supl. Cult.*, cit.
(32) Antonio Cândido — *Literatura e Sociedade.* São Paulo, Cia. Ed. Nacional, 1976, 5ª ed., pp. 73 e segs.
(33) Roque Spencer Maciel de Barros — *A Significação Educativa do Romantismo Brasileiro.* São Paulo, Ed. Grijalbo e EDUSP, 1973, pp. 140 e segs.
(34) Isto é verdade se atentarmos para idiomatismos lusitanos em Eça ou Camilo Castelo Branco, termos técnicos de antropologia ou geologia em *Os Sertões*, comparando com a linguagem mais acessível de Alencar. Aliás, sua corajosa utilização de termos indígenas vem sempre acompanhada de um glossário, para que o leitor se familiarize aos poucos com termos aborígenes. Cf. as "Notas" finais de *Iracema* e *Ubirajara*, por exemplo.
(35) Em *O Guarani,* Alencar assim descreve o rio Paquequer: "É o Paquequer saltando de cascata em cascata, enroscando-se como uma serpente, vai depois se espreguiçar na várzea e embeber no Paraíba, que rola *majestosamente* em seu

vasto leito. Dir-se-ia que *vassalo* e *tributário* desse rei das águas, o pequeno rio, altivo e sobranceiro contra os rochedos, curva-se humildemente aos pés do *suserano.* Perde então a beleza selvática; suas ondas são calmas e serenas, como as de um lago, e não se revoltam contra os barcos e as canoas que resvalam sobre elas: escravo submisso, sofre o *látego do senhor"* (grifos nossos). Cap. I de *O Guarani.*

(36) "Português de antiga têmpera, fidalgo leal, entendia que estava preso ao rei de Portugal pelo juramento da nobreza e que só a ele devia preito e menagem. (...) A casa era um verdadeiro solar de fidalgo português menos as ameias e a barbacã, as quais haviam sido substituídas por essa muralha de rochedos inacessíveis, que ofereciam uma defesa natural e uma resistência inexpugnável". "(...) a qual fazia as vezes de um castelo feudal na Idade Média. O fidalgo recebia (os agregados) como um rico-homem que devia proteção e asilo aos vassalos". (Cap. II, de *O Guarani*). A opinião de Dom Antonio sobre os índios: "Para mim, os índios quando nos atacam são inimigos que devemos combater, quando nos respeitam, são vassalos de uma terra que conquistamos, mas são homens". (*Ibid.*, Cap. VI). Todas as citações estão tomadas da edição da Editora Piratininga, de São Paulo.

(37) Trata-se de uma narrativa que lembra bastante o *Hamlet* de Shakespeare, pois "Mário" passa a vida inteira preocupado em deslindar as circunstâncias que cercavam a morte de seu pai, cujos bens tinham passado para seu antigo agregado. Inclusive "Mário" sente a atração do além-túmulo, para saber a verdade (Cap. IX), mas ao contrário do "Fantasma de Elsinore", o jovem tem a seu lado o preto velho "Benedito", que tudo sabe, e o convida ao perdão (Cap. I e Cap. XXXVII).

(38) Fazendo analogia com a vida comercial que cada vez mais se desenvolvia no Rio de Janeiro, Alencar intitula as Partes de *Senhora:* "O Preço" (a moça desprezada que enriquece e compra o casamento com o jovem que ama), "Quitação" (o jovem procura pagar a dívida e erguer sua própria fortuna), "Posse" (só então seu casamento se torna feliz), "Resgate" (voltam às maneiras simples de outrora).

(39) "Os certames guerreiros, os jogos de luta, combate e carreira, presididos por mulheres que julgavam do valor dos campeões e conferiam prêmios aos vencedores, não cedem em galantaria aos torneios de cavalaria" (*Ubirajara,* nota ao Cap. VI).

(40) Sívio Meira — *Teixeira de Freitas.* Rio de Janeiro, 1979, pp. 95 e segs e 194 e segs.

(41) Guido Fassò — *Storia della Filosofia del Diritto,* Bolonha, Ed. Il Mulino, 1970, vol. III, p. 60. V. tb. Silviano Santiagno, art. cit., p. 11.

(42) *Ibid.*, p. 65. V. tb. José de Alencar, *Discursos Parlamentares.* Brasília, 1977, p. 117.

(43) Djacir Menezes — "José de Alencar: o Jurista" *in Suplemento Cultural de O Estado de S. Paulo,* de 11/12/1977, p. 12.

(44) Art. cit. p. 12. V. tb. José de Alencar — *Discursos Parlamentares,* pp. 181 e segs.

(45) Sívio Meira — *Teixeira de Freitas.* Rio de Janeiro, Liv. José Olympio Editora, 1979, descreve minuciosamente o *Esboço* (Projeto) de Código Civil, sua Sistemática e as objeções (que Meira não aceita) de José de Alencar. Já Djacir Menezes, no art. cit. sup. as aceita com reservas.

(46) Sílvio Meira, *op. cit.*, p. 370.

(47) Tércio Sampaio Ferraz Jr. — *A Ciência do Direito,* cit., pp. 27-30.

(48) Meira, p. 195.

(49) Fassò, *op. cit.*, refere a profunda afinidade entre Romantismo e Escola Histórica, sua comum valorização das tradições nacionais etc. Já Alexandre Correia, em seu ensaio *Concepção Histórica do Direito e do Estado*, prefere ver nessa Escola uma explicitação do pensamento contra-revolucionário, sem nenhuma base rousseauniana, antes pelo contrário. Cf. Sep. da Revista da PUC, vol. 37, fasc. 71 e 72. São Paulo, 1970.
(50) Cit. por Djacir Menezes, art. cit., p.13
(51) *Ibid.* V. tb. *Discursos Parlamentares*, pp. 24 e segs. e 85-87.
(52) V. nossos modestos artigos sobre Joseph De Maistre e o B. Contardo Ferrini *in Hora Presente*, São Paulo, nºs 10, 15 e 19, bem como nossa resenha do substancioso livro de F. B. de Ávila — *Pensamento Social Cristão antes de Marx* in *Hora Presente*, nº 15. Quer dizer, há uma crítica ao capitalismo anterior ao seu advento sob a forma mais avançada, pois foi feita no início do século XIX, e — com base em motivação moral ou jurídica tradicionalista — foi (ou vem) sendo retomada constantemente, de modo paralelo e até competitivo com a crítica marxista. V. nessa linha *Sobre a Revolução* de Hannah Arendt: Cap. "O Significado da Revolução" e "A Tradição Revolucionária e o seu Tesouro Perdido". Madri, Rev. de Ocidente, 1967. "A crítica contra-revolucionária parte de uma posição antitética à da Revolução Francesa, não para considerá-la inacabada, mas para negar-lhe legitimidade, acusando-a, inclusive de ter consagrado uma concepção individualista do Direito, abandonando a configuração corporativa da sociedade que ainda se perpetuava no "Ancien Régime" na França e até a Revolução de 1848 na Itália, como até 1870, na Alemanha não-unificada. (Cf. Dominique Bagge — *Les Idées Politiques en France sous la Restauration.* P.U.F., 1952, pp. 187-207).
(53) Febbrajo, *op. cit.*, p. 97.
(54) Niklas Luhmann — *Sistema Giuridico e Dogmática Giuridica.* Bolonha, Ed. Il Mulino. Trad. de A. Febbrajo c/ Introd., 1974, pp. 126 e 127.
(55) Revista *O Direito,* Rio de Janeiro, Tipografia Reis, vol. VI, 1875, pp. 31 e 32.
(56) "Razões" na Apelação Cível 14.369, juntadas em 7 de março de 1873, *in* Revista *O Direito,* cit., vol. IV, p. 294.
(57) Citado por Anacleto de Oliveira Faria — *Do Princípio da Igualdade Jurídica.* Ed. Revista dos Tribunais, São Paulo, 1973, p. 65.
(58) Zahidé Machado Neto — *Direito Penal e Estrutura Social.* Ed. Saraiva e Ed. da USP, São Paulo, 1977, p. 23.
(59) Revista *O Direito,* vol. XXVII, p. 250.
(60) Revista *O Direito*, cit., vol. 26, ano 1881, pp. 660 e segs. Da Comissão faziam parte: F. J. Gonçalves de Andrade, A. Ferreira Vianna, A. Joaquim Ribas, Lafayette Rodrigues Pereira, A. Coelho Rodrigues. Com Ribas e Lafayette não faltava à Comissão competência, como é óbvio.
(61) *Ibid.*, p. 604.
(62) Revista *O Direito,* cit., vol. 4º, ano 1873, p. 295.
(63) Revista *O Direito,* vol. XXX, ano 1883, pp. 185, 187 e 198.
(64) Revista *O Direito,* vol. I, ano 1873, p. 444.
(65) Niklas Luhmann — *Legitimação pelo Procedimento.* Brasília, Editora da Universidade de Brasília, 1981. Apresentação de Tércio Sampaio Ferraz Júnior, p. 4.
(66) N. Luhmann, *ibid.*, p. 39.

PARTE III: A CODIFICAÇÃO DO DIREITO CIVIL BRASILEIRO

Capítulo I

Fatores que Influiram na Elaboração do Código de 1916

a) A Mudança da Forma de Governo

I — Idéia de Autoridade na República Velha

A Revolução de 15 de novembro de 1889 que, pacificamente, colocou um ponto final no reinado de D. Pedro II, inaugurando a era republicana, não foi apenas a substituição da forma de governo, monárquico e hereditário, pela forma de governo republicano e eletivo. Parece que a alteração foi mais profunda, se tivermos presentes o que Hannah Arendt nos fala a respeito da fundamentação da autoridade em uma "fundação" (cf. Parte I, Cap. I, c, d). O Império tinha detrás de si não só os anos que decorreram entre 1822 e 1889, mas, pelo fato de ter representado uma continuidade dinástica que datava da Idade Média ou pelo menos de 1640 com a ascensão dos Bragança ao trono de Portugal, toda a longa tradição de mando e poder que tinha de certo modo "fundado" a nacionalidade portuguesa, de que a brasileira se considerava de algum modo a herdeira.

A nova ordem de coisas implantada em 15 de novembro tinha uma motivação inteiramente diversa: a evolução, o progresso, sob a liderança de uma elite, na concepção de Augusto Comte, o estamento militar, como foi interpretada por Benjamin Constant Botelho de Magalhães, o artífice intelectual do golpe de 1889.

A idéia de autoridade não se baseava mais nos mesmos valores de hereditariedade, mas buscava sua justificativa na manifestação da vontade popular, colocando a soberania no povo, em termos de Jean-Jacques Rousseau, e não mais em Deus, embora através do povo, como em Suárez.

A decorrência imediata foi a perda de certo aspecto "paternal", do detentor do poder supremo, que tão bem soube representar um D. Pedro II de longas barbas brancas, e o aparecimento do homem-forte como verdadeiro chefe, o que tão bem ficou caracterizado em um Floriano Peixoto, "o marechal de ferro".

Com a eleição de presidentes civis esta idéia vai se atenuar um pouco, para novamente retornar, cada vez que um militar chega à suprema magistratura da nação.

Como pano de fundo ficava sempre a "Weltanschauung" evolucionista.

Recordemos a lenta evolução da mentalidade brasileira, da primeira para a segunda metade do século XIX.

Enquanto a sociedade adotava os usos e costumes franceses, toda uma elite se formava no pensamento filosófico da Restauração: havia os tradicionalistas, seguidores de Joseph de Maistre e Louis de Bonald como o erudito Pimenta Bueno; os liberais, seguidores de Benjamin Constant e Madame de Staël, como Zacarias de Goes e Vasconcelos e os ecléticos, discípulos de Victor Cousin, como Gonçalves de Magalhães[1].

Liberais e conservadores, com o fluir dos anos e com a política da conciliação de Dom Pedro II, tendiam a superar as divergências e para isto foi oportuna a divulgação do pensamento eclético de Cousin.

Correspondia a um momento histórico: a necessidadede salvar as conquistas revolucionárias de 89, sem dar azo às radicalizações jacobinas que colocariam a burguesia em posição desfavorável, como veremos no item dos condicionamentos políticos.

Entretanto, vivia o Brasil ainda, até meados do século XIX, uma estrutura agrária, escravista e patriarcal, em que muito do Brasil-colônia ficara preservado.

O processo de industrialização, desencadeado por Dom Pedro II e o Barão de Mauá, a partir da política da conciliação, trouxe uma "intelligentsia"de engenheiros e técnicos ingleses para nosso meio e facilitou o intercâmbio cultural com Londres, Manchester e Oxford.

Surgiu então o padrão inglês de cultura, alicerçando tais relações.

Serviu ele, ao mesmo tempo, de ponte para a aceitação do positivismo evolucionista do tipo de Herbert Spencer, que correspondia a uma sociedade mais moderna (como era a nossa), com o advento da tecnologia inglesa, nos moldes mais adiantados de capitalismo "selvagem" manchesteriano ou não.

Proclamada a República — que em termos gerais se baseava mais no evolucionismo comteano ou positivismo — continuou spenceriana larga faixa da intelectualidade brasileira e, com as conotações autoritárias do primeiro período de governo republicano, chegou a ser mesmo a filosofia liberal por excelência no Brasil: individualista, evolucionista, racionalista e, ao mesmo tempo, conservadora(2).

Ao tempo da Grande Guerra, ainda era a filosofia da elite e, como já disse em item anterior, da maioria de nossos juristas, incluindo o lúcido Clóvis Bevilaqua, que lhe traz os temperos devidos a seu notável bom senso, mas que não consegue superar suas limitações e, por isso, elabora um projeto de Código liberal-individualista.

Tal individualismo era o preço pago pela adoção do modelo inglês.

Isto se chocava em grande parte com a religiosidade da grande maioria da população, obediente à Igreja Católica, desde a colonização.

O Império, mesmo ao prender bispos, como D. Vital, mantinha todo o aparato do Estado sacral, da união entre Igreja e poder temporal.

Com a República, separou-se a Igreja do Estado no Brasil, como se sabe com vantagens recíprocas, na opinião unânime dos historiadores.

Com relação ao Direito Canônico, continuou ele em vigor para os cidadãos que professam o catolicismo como sua religião, mas já sem nenhum efeito na ordem civil e jurídica específica.

Concluía Clóvis Bevilaqua, como nos refere Waldemar Ferreira(3): "O nosso Direito Civil é absolutamente leigo", o que está de acordo com o aforisma "Privatorum conventio juri publico non derogat"[4], pois regras privadas — perante o Estado brasileiro — são todas as determinações do Direito Canônico, e como tais não podem derrogar o estabelecido pelo Direito Civil.

Assim, não se justificam mais, perante nosso Direito, disposições paternas sobre a pessoa dos filhos, outrora baseadas nas concepções do Direito Eclesiástico.

No entanto, tal é a força da religião na vida quotidiana de largas camadas de nossa população que vez por outra — como veremos ao analisarmos os casos de abuso de poder — invocam-se motivos de ordem religiosa para exercer abusivamente tal pátrio poder[5].

E não é desejável que o Direito sofra intromissões da religião — qualquer que seja o credo — mas nem sempre na prática se distingue o que é "divini juris" do que é "humani juris".

Consolidada a República, haverá sempre uma corrente de monarquistas que acusarão a República, ora de "copiar os Estados Unidos", como Eduarto Prado, ora de "preparar gerações de jovens ateus", como Carlos de Laet, ora de "acabar com a liberdade", como Joaquim Nabuco.

Em termos de povo brasileiro, se assistirá à ressurreição do "Sebas-tianismo", como o ocorrido na Revolta de Canudos de Antonio Conselheiro, considerando a República um regime condenado por Deus[6].

Existirão — ao lado dos conciliadores — os que nunca aceitarão, a não ser por conveniência, um regime de separação entre Igreja e Estado no Brasil, tolerando-a como um "mal menor" que a perseguição aberta e nunca um bem em si. Daí nunca se abrir mão do casamento religioso, do batismo e seu registro paroquial, na família brasileira.

II — O Aumento da Burocratização

Mas o que talvez mais seja percebido pelo brasileiro médio do início do século é a marcha contínua rumo à criação de um aparato burocrático do Estado, no Brasil. Já havia certa burocracia no tempo de D. Pedro II mas a dominação era mais do tipo "patriarcal", embora com um sentido modernizador muito pronunciado, pelos fatores acima referidos. Mas agora, para falar em termos weberianos, o tipo de dominação é bem diferente.

A passagem da dominação patriarcal "modernizadora" do Império para uma dominação burocrática na República se dá, em termos de Brasil, com um rompimento essencial com a estrutura de dominação existente desde tempos coloniais. Continuava a ser a coisa pública governada no Império como "propriedade do governante" e, apesar de todas as transformações que vieram nos anos 1840 e 1850, não houve uma "modernização" correlata da classe política, a qual, dentro de esquemas de "empreguismo" estatal, permanência de focos de pobreza endêmica, desestímulo à iniciativa de grupos sociais intermediários entre o Estado e o indivíduo, controle exagerado das iniciativas permitidas ou toleradas, através de mil e um mecanismos centralizadores, sem cuja chancela tais grupos não eram reconhecidos nem tolerados pelo governo etc., continuava dependente.

Quando, nos últimos anos do século XIX, se dá a Revolução militar a classe política está acostumada a este tipo de dominação. Seu ápice em termos de participação é atingido no começo dos anos 90, para depois ter um abrupto declínio com os novos moldes, adotados pelo governo de Floriano Peixoto. Estes podem ser definidos como o advento da burocracia. As elites governantes não são mais recrutadas entre os velhos líderes ou "mandões" de política local ou regional, mas entre líderes militares, pessoal universitário, todos exatamente dentro da proposta ideológica da escola positivista.

Sobre a dominação burocrática diz-nos Max Weber: "Para o desempenho das funções burocráticas dever-se-á ter em conta uma nivelação básica, ainda que simplesmente relativa, das diferenças econômicas e sociais. Trata-se de um fenômeno inevitável, concomitante da moderna democracia de massas, em oposição ao governo democrático de pequenas unidades homogêneas. Isto ocorre, de início, como conseqüência de um princípio que lhe é característico: a subordinação do exercício de mando a normas abstratas. Pois isto se segue de uma exigên-cia de uma igualdade jurídica no sentido pessoal e real, e, portanto, de uma condenação do privilégio e da negação em princípio de toda tramitação segundo os casos. (...) A democracia de massas que elimina na administração os privilégios feudais e, ao menos na intenção, os plutocráticos, deve substituir por um trabalho profissional irremissivelmente pago a administração tradicional exercida à margem de toda profissão pelos "honoratiores"(7).

Assim se chega a uma "racionalização" indispensável para o funcionamento da dominação burocrática. Não se podem levar em conta grupos socialmente significativos, sindicatos, universidades etc. A formação corporativa da sociedade é ignorada ou esvaziada, pois a dominação burocrática deve contar obrigatoriamente com "o nivelamento dos grupos dominados, frente aos grupos dominantes burocraticamente articulados, os quais podem possuir por seu lado, de fato, e com freqüência também formalmente, uma estrutura totalmente autocrática"(8).

Ora, "a burocracia é o procedimento específico para transformar uma ação "comunitária" em uma ação "societária" racionalmente ordenada"(9). Entendemos assim: enquanto houvesse grupos organizados de modo comunitário (ex.: como a família antiga) ficava mais difícil a dominação autocrática. À medida que se passa para formas mais "societárias", ou seja, em que os membros da sociedade conservam uma individualidade, direitos individuais subjetivos distintos e até direitos oponíveis uns aos outros (ex.: a família moderna), a dominação do tipo autocrático é mais fácil. A História comparece pra dar razão a Max Weber. Os autocratas de todos os matizes procuraram sempre diminuir o solidarismo entre membros de determinado grupo social ou corporação: Luís XIV tentou dividir a nobreza com as concessões de cargos cobiçados às vezes por vários membros de uma mesma família e desestimulou as corporações. Napoleão tentou dividir as famílias, instituindo o direito de herança com base na divisão do patrimônio do "de cujus", etc.(10)

A implantação na Era Republicana de um Estado burocrático mais aperfeiçoado não ficou, pois, sem conseqüências para a constituição da família, isto dando margem a um enfraquecimento das posições antes defendidas pelo ministro José de Alencar, e favorecendo a codificação, como forma mais "racional" de regulmentação da vida social.

III — O Legalismo

E conclui Weber: "A velha administração de justiça pelo povo (na alta Idade Média), originalmente um procedimento expiatório entre dois clãs, fica em todas as partes despojada de uma sua primitiva irracionalidade formalista graças ao influxo do poder dos príncipes e dos magistrados, (...) para dar à administração da justiça um caráter racional, para eliminar os meios processuais de tipo irracional, e sistematizar o direito material, o que significa sempre racionalizá-lo"(11).

Caracteriza o esforço pela racionalização do Direito: 1º) a sistematização racional; 2º) o sacrifício do interesse social ao rigor lógico; 3º) a consideração do Direito como fenômeno destacadamente urbano como regulador das atividades sobretudo mercantis, para proveito de uma classe em ascensão constante, isto é, a burguesia, ou como diria Tércio Sampaio Ferraz Jr.: "O positivismo jurídico, na verdade, não foi apenas uma tendência científica (racionalista, diríamos nós), mas também esteve ligado, inegavelmente, à necessidade de segurança da sociedade burguesa. (...) A exigência de sistematização do Direito acabou por impor aos juristas a valorização do preceito legal no julgamento de atos vitais decisivos"(12).

Pode-se perceber que existe um estreito liame, negado por uma concepção demasiado "bem comportada" do Direito, entre a obra do legislador e o momento histórico que ele vive. Há um nexo entre a forma de governo, a forma de se considerar o poder na esfera do Direito Público e a de estudá-lo no Direito Privado.

Ao analisar neste despretensioso estudo a evolução da idéia de pátrio poder e de autoridade no Brasil, como análise histórica mas ainda sociológica do assunto, pudemos ver, com facilidade, inúmeros e intrincados laços entre família e Estado, pai e detentor do poder, os laços de parentesco e de cidadania, de modo que não acreditamos ter fugido ao tema do Direito de Família e do poder pátrio em nossas incursões, ainda que rápidas, sobre o delicado campo da Teoria Geral do Estado e da Sociologia Política, que se refere aos efeitos sobre a vida dos cidadãos da mudança de uma forma de governo, pois existem laços tais, que se poderia, sem temeridade, falar em implicação, pois são laços que a prendem a uma problemática mais ampla: a do próprio poder. A verdade é que sem a codificação e o legalismo que se tornaram vitoriosos em nosso Direito, acompanhando a evolução do Direito europeu continental rumo ao primado da lei escrita e ao chamado "fetichismo da lei", não se tornaria viável a burocratização do poder, não se teriam condições de nivelamento para se aplicar o esquema de dominação burocrática.

Eis porque o Código Civil de 1916 interessa também sob o ponto de vista da Teoria do Estado, como arremate de um longo processo no sentido de dotar o Brasil de instrumentos legais apropriados para torná-lo um país enquadrado no sistema do monismo do ordenamento jurídico, de base evolucionista, a partir mesmo da filosofia positivista que o informou, como já se viu.

O primado do indivíduo sobre a comunidade, por exemplo, em matéria de família, foi consagrado pelo Código de 1916 e, como se sabe, o Estado monista não comporta nem admite os grupos sociais diferenciados, nem intermediários, fiel ao seu pai, Rousseau, que já dizia no *Contrato Social* "entre l'individu et l'État pas d'intermédiaires"...

Também, nessa mesma linha de pensamento, a primazia da lei leva à inversão gradativa das situações: a finalidade do Direito passa a ser entendida como a aplicação da lei e não a realização da Justiça, como queria Aristóteles.

A racionalização, indispensável para a implantação e funcionamento da dominação burocrática, impessoal, só se torna possível com o legalismo e com a rígida compreensão objetiva da hermenêutica como uma análise gramatical ou sistêmica dos termos da lei, aplicando-a ao caso proposto a julgamento perante um funcionário do Estado, o juiz, que, nesta ótica, age exatamente embora em grau superior como qualquer outro representante do Estado, a distribuir protocolos carimbados em seu guichê...

b) As Novas Condições Econômicas e Sociais

I — A Formação da Classe Empresarial

Sem a modernização trazida pela industrialização, não teríamos tido a formação, a partir de 1850, de uma classe empresarial, no Brasil.

Já se viu como seus interesses em grande parte condicionaram a elaboração de uma filosofia spenceriana evolucionista, na segunda metade do século XIX, filosofia dominante em nossos ambientes intelectuais até a elaboração do Código de 1916. Resta ver qual a situação econômica que condicionou as modificações do Projeto de Clóvis no Legislaivo e que presenciou sua final publicação e os primeiros anos de sua vigência.

Edgard Carone nos refere que os anos de 1910 a 1914 correspondem à segunda valorização do café, que traz para São Paulo grande crescimento urbano e industrial, "num clima geral de prosperidade". Mas continua dizendo: "Esta normalidade é interrompida pela crise econômica de 1914 e, depois, pela Primeira Guerra Mundial (...) Mas, ante uma situação financeira insustentável, acrescida da suspensão de novo empréstimo devido à guerra, a União emite, aliviando a situação do país e, naturalmente, do café (...) A normalização comercial dos países empenhados na guerra ajuda novamente a exportação e a política de preços. (...) De repente, o café dobra de preço, passando de 47$350, em 1918, para 94$612 no ano seguinte, e abrindo novas perspectivas para a segunda valorização: a safra de 1917 é vendida com grandes lucros, os estoques diminuem e a inflação mundial ajuda a manter os preços altos. Esta série de fatores subsistem até 1920"(13).

Por sua vez, os industriais viam suas metas alcançadas nessa época:

"A quarta fase (da industrialização) abre-se com Hermes da Fonseca: do ponto de vista protecionista seu governo é conservador. (...) Em fevereiro de 1911, o governo concede a uma firma brasileira facilidades para a instalação de uma usina (siderúrgica), com capacidade de produção de 150 mil toneladas anuais: além de outros privilégios, a firma tem direito de exportar minérios e produtos metalúrgicos durante 30 anos, com taxas reduzidas e favores do governo federal. (...) Epitácio Pessoa que é antiprotecionista e contrário a qualquer ajuda governamental à produção vê-se obrigado a recuar, forçado pelas forças oligárquicas"[14].

"Last but not the least", veio completar o quadro dos anos que precederam e imediatamente sucederam a aprovação do Código Civil de 1916, a ascensão da classe operária, como força social emergente. Diz-nos Carone: "1915 confirma os ideais e a tenacidade operária: apesar do desemprego, das ameaças de prisão e das péssimas condições de vida, realiza-se o "Congresso pela Paz" e irrompe uma das maiores greves desses anos, a dos estivadores do Rio, que se desenrola de 19 de fevereiro a 3 de março. Em julho, as novas greves do Rio são violentas: o Centro Cosmopolita, de inspiração anarquista, é que decreta a "parede" e outras categorias a aprovam. Em outubro, o Rio é palco de novas greves de longa duração (...) 1917 inaugura a fase revolucionária das greves: até 1919, elas atingem intensidade e um grau tático nunca alcançados"[15].

Pode-se dizer que os anos 20 irão assistir à fase áurea do movimento operário em todo o mundo, e também no Brasil.

Muitos dos líderes que atuam em tais greves são estrangeiros, são italianos, alemães, habituados a outro tipo de comportamento perante o patrão que não o da simples reverência...

O confronto entre o mundo operário e o da burguesia se faz mais importante. É nessa atmosfera que se discute a implantação do Código Civil de Clóvis Bevilaqua, adepto do evolucionismo spenceriano, vale dizer, do "struggle for life" na sociedade como na natureza.

Isto iria condicionar a aceitação de sua visão do Direito calcada no Direito Romano, interpretado na ótica individualista do século XIX.

Poder-se-ia esperar algo diverso?

Em todo o mundo as massas se organizam e os líderes políticos partem do socialismo para rumar em qualquer dos sentidos: Mussolini à direita (ex-redator de quotidiano socialista), Lenine, à esquerda. Mas sempre sob a égide do teórico da violência Albert Sorel, que não vê outro modo de galgar o poder que não o uso da força.

No confronto, a burguesia usa de todas as armas de que pode dispor, para enfrentar a crise social. Iria no Brasil abdicar da oportunidade que se lhe oferecia com a redação, discussão e publicação de um novo Código Civil?

Até que ponto vivíamos uma situação "bonapartista" nos primeiros anos deste século no Brasil? Maria do Carmo Campello de Souza nos esclarece que "não obstante o quadro legal instaurado com a República permitir o funcionamento de um Estado democrático, as elites dirigentes como veremos não compartilhavam o poder com os novos grupos que tinham teoricamente assegurada sua representação no processo político. Assim, a elite proprietária, ao mesmo tempo que aspirava, do ponto de vista ideológico, a uma democracia liberal, agia de modo que a participação política se restringisse a seus representantes"[(16)].

Daí a crítica acerba de Eduardo Prado: "A política no Brasil está hoje reduzida à arte de adular com mais ou menos sucesso os militares. É inútil que os brasileiros estejam alimentando ilusões pueris. Os partidos políticos hoje só poderão galgar o poder agarrados à cauda do cavalo de um general... A Constituição doada pelo Sr. Deodoro é inteiramente de sua própria autoria, nenhum representante da nação foi ouvido. Quem garante a observância dessa lei que pode ser desfeita por quem a fez, sem que haja a possibilidade de alguem impedir ou punir sua violação por parte do soldado onipotente e irresponsável? Tudo isto, pois, não passa de um bizantinismo irrisório, todo o mundo sabe que dois regimentos na rua acabam com os plebiscitos, fazem evaporar qualquer governo e desaparecer num momento qualquer Assembléia"[(17)].

Em suma, um clima de "bonapartismo" que lembra o 18 Brumário de Napoleão.

A burguesia que apoiou a República não pretende dividir o governo com a classe operária, nem lhe dar qualquer participação. Os militares, por seu lado, acreditam sinceramente que são chamados à liderança social, numa exegese livre da noção de "ordem e progresso" herdada de Benjamin Constant Botelho de Magalhães na Academia Militar.

O Código Civil que então se elabora não poderia deixar de refletir, em suas disposições essenciais, os interesses do momento, por mais que admiremos a abertura de espírito de Clóvis Bevilaqua. Fica então, pelo condicionamento da hora, fadado a transcrever disposições do "Code Napoléon" de um século mais velho.

II — A "Sociedade Cosmopolita"

Ter-se-ia uma visão distorcida da sociedade brasileira na passagem do século se se esquecer que ela se tornara mais permeável às influências estrangeiras, em matéria de usos e costumes sociais, sobretudo e acima de tudo nas grandes capitais, em contraste até com os do campo[18]. As grandes cidades seguiam à risca a última moda de Paris, para as senhoras e senhoritas, e de Londres, para os homens e rapazes.

Mas o "cosmopolitismo" era atenuado pelas ligações com o mundo mais tradicional de Portugal, permeado, é verdade, pela simpatia e adesão aos padrões culturais americanos e europeus modernos. Entretanto havia focos de reação contra as mudanças que classificamos como sendo, basicamente, a geração velha, apegada a seus valores datando do século passado; a escola, ainda moldada no estilo marcadamente humanístico, nos moldes do Colégio Pedro II; e a Igreja, de grande influência na sociedade brasileira e que, desde S. Pio X, reagia contra o chamado "modernismo", sobretudo em matéria de visão naturalista na moral, nos costumes[19].

Ora, nos primeiros anos do século, o Brasil era um país ainda fortemente tradicionalista em seus usos e costumes sociais. Alinhamos algumas notas características da sociedade brasileira: 1º) era uma sociedade culturalmente ligada a uma Europa tradicional; 2º) era uma sociedade ligada especialmente ao mundo lusíada, vale dizer, à cultura portuguesa "fin de siècle", como a descrevera Eça de Queiróz em seus romances vorazmente lidos no Brasil; 3º) grande influência exercia a França, em matéria de cultura literária, modas femininas e etiqueta social, tudo ainda sob a égide da mentalidade "belle-époque" ainda sobrevivente nos anos do primeiro após-guerra. Daí poder-se concluir que: 1º) era uma cultura que preservava as suas tradições; 2º) uma cultura que valorizava os mais velhos; 3º) uma cultura que dava destaque aos intelectuais; 4º) uma cultura ainda impregnada de religiosidade; 5º) uma cultura que respeitava as convenções sociais e o cerimonial[20].

É evidente que, dentro de uma sociedade desse tipo, uma Jurisprudência de inspiração individualista abriria caminho lentamente, pois, por exemplo, em matéria de Direito de Família não havia na concepção tradicional subdivisões como "direito do pai", "direito da mãe", "direito do filho", pois a inter-relação entre os membros era mais do tipo comunitário e não societário.

Os anos 30 trarão substanciais modificações, a que não serão de todo indiferentes as novas maneiras de ver o mundo, a sociedade e o homem, tal como seriam difundidas pelo cinema norte-americano entre nós. As maneiras ditas "americanas" só então começarão a ser aceitas e no final dos anos 30 já será outro o Brasil que se configurará, sobretudo nos grandes centros urbanos, que acolherá mais facilmente as modificações, enquanto que o mundo rural será mais tradicional e apegado aos valores de nosso passado histórico nacional.

Tornando-se mais cosmopolita adaptar-se-á nossa sociedade urbana ao novo Código Civil.

c) Clóvis Bevilaqua: Formação Pandectista e Senso Histórico

I — A Filosofia de Clóvis Bevilaqua

A cavaleiro sobre dois mundos, o do Brasil tradicional e o do Brasil moderno, Clóvis Bevilaqua soube harmonizar na elaboração do Código Civil as últimas conquistas da Ciência do Direito no final do século, com os intrincados problemas sociais que começavam a surgir no século XX.

Por formação, Clóvis, que em Filosofia era um adepto da Escola do Recife, e em Sociologia um evolucionista spenceriano, tenderia talvez para uma posição, no campo do Direito, como a de um Pedro Lessa, que Miguel Reale denomina "spenceriano, mas sem conceber a evolução culminando no triunfo individualista; admirador de Augusto Comte, mas sem admitir a redução do plano da religião ao da ciência; naturalista sim, mas sem divinizar a natureza, ou sentir escrúpulo em usar a palavra 'Deus', substituída por 'natureza naturante' ou quejandas, Pedro Lessa poderá não ter sido um criador, capaz de abrir clareiras novas às especulações filosóficas ou filosófico-jurídicas, mas soube fundir em sua personalidade um conjunto de convicções coevas, segundo uma linha de equilíbrio e coerência"[21]. O mesmo se poderia dizer de Clóvis Bevilaqua. Mas acrescentando uma qualidade científica que Lessa nunca teve: a de saber captar o sentido histórico da realidade brasileira. Realizará Clóvis — o que raramente acontece — uma síntese entre o rigor técnico na conceituação, na sistemática do Código, e a velha "praxis" lusitana, de levar à categoria de artigos de lei as instituições de fato existentes na sociedade brasileira.

A tarefa não era fácil, se tivermos presente que o Brasil era (e talvez até hoje o é) uma "terra de contrastes", na feliz expressão de Roger Bastide[22]. Não era fácil legislar, sabendo que os efeitos da lei se estenderiam "do Prata ao Amazonas, do mar às cordilheiras..."

Conseguiu-o o jurista cearense, escapando à dicotomia país real e país legal, pois o Código de 1916 resultou quase que da transcrição integral do Projeto de Clóvis e, para aquela época, não poderíamos ter tido algo de melhor e mais adequado.

Se hoje dizemos que o Código está desatualizado, não esqueçamos que cabe à jurisprudência o trabalho de atualização e "aggiornamento" da lei escrita, e este tem sido seu papel até hoje.

Proclamada a República, o jurista cearense de Viçosa, Clóvis Bevilaqua, professor da Faculdade de Direito do Recife, em 1899, veio desincumbir-se, no Rio de Janeiro, da tarefa de redigir um Projeto de Código Civil. Convidado pelo Ministro da Justiça, Epitácio Pessoa, Clóvis, no dizer de San Thiago Dantas, "recolhia, sem deformá-las, as doutrinas dos grandes pensadores do século XIX"[(23)].

Como já se viu, quando se falou dos condicionamentos filosóficos, as correntes filosóficas que disputavam as preferências da intelectualidade nacional naquele tempo eram o Evolucionismo de Spencer e o Positivismo de Augusto Comte.

Entretanto, Clóvis nunca será um purista mas sim um eclético, sintetizando os ensinamentos de vários pensadores, sem os distorcer.

Isto ele recebeu da convivência intelectual com Tobias Barreto, mentor principal da Escola do Recife.

"A Escola do Recife não era um rígido conjunto de princípios, uma sistematização definida de idéias, mas sim uma orientação filosófica progressiva, que não impedia a cada um investigar por sua conta e ter idéias próprias, contanto que norteadas cientificamente"[(24)].

Nesse ambiente de fermentação intelectual fecunda, a figura de Tobias Barreto aparecia não como o "magister qui dicit", mas como permanente questionador do já afirmado e consagrado, donde vinha sua popularidade entre os estudantes da Faculdade[(25)].

Enquanto que no sul do país o Positivismo de Comte obtinha a decidida adesão dos mestres da Faculdade de Direito e de Medicina, no nordeste a teoria triunfante era o monismo evolucionista, graças à ação de Tobias, grande divulgador do pensamento de Haeckel, Noiré e, acima de tudo, Herbert Spencer.

"O direito não é um filho do céu", proclamava Tobias, "é simplesmente um fenômeno histórico, um produto cultural da humanidade"[26].

Por aí se vê que o alvo perfeito dos ataques de Tobias Barreto era o "Direito Natural", ensinado por Taparelli.

Por quê? Pela razão de que a concepção de Taparelli, muito mais do que a do próprio Santo Tomás de Aquino, era a de um "Direito Natural Divino e Imutável", o que se chocava violentamente com as idéias de "Evolucionismo e Mutação, Naturalismo e Culturalismo" de Tobias, idéias estas hauridas de Darwin, Spencer e Haeckel[27].

Sabedor da importância histórica da idéia de Direito Natural no Brasil, Clóvis jamais compartilhará as críticas barretinas, antes aceitá-las-á na concepção de Hauriou[28], dando ao termo um sentido que lembra a "natureza das coisas" de Demócrito, de Lucrécio e de Haeckel.

Outro pensador da Escola do Recife que larga influência exerceu sobre Clóvis Bevilaqua foi Sílvio Romero. Antigo adepto do Positivismo de Augusto Comte, Romero passou, após breve período kantiano, a se entusiasmar por Herbert Spencer. Chegou a escrever contra o Positivismo o ensaio de 1894, *Doutrina contra Doutrina: o Evolucionismo e o Positivismo na República do Brasil:* "as exageradas pretensões do Positivismo", "os erros da classificação das ciências" e sobretudo "a subordinação da atividade espiritual ao dogma religioso". Sílvio defende, em sentido contrário, a independência intelectual, ridiculariza a "religião positivista com seu culto a Clotilde de Vaux" e proclama a sua adesão ao Evolucionismo e ao Naturalismo, verberando, numa mesma diatribe, "o Positivismo ateísta de Comte e a religião da humanidade, de um lado, e o Catolicismo do outro lado"(*sic*)[29].

Porém não pára aí o trabalho intelectual de Sílvio Romero. Até se pode dizer que sua obra maior foi a que executou como sociólogo da literatura e do folclore brasileiro, em obras muito divulgadas, buscando compreender o povo brasileiro.

Se, com Tobias, Clóvis aprendeu a raciocinar cientificamente, separando religião de direito — e isto sem nunca cair em exageros, sendo merecida a análise de San Thiago Dantas acima referida — foi com Romero que Clóvis passou a se interessar pela psicologia do povo brasileiro, e por suas manifestações, o que facultará o sentido de realidade, que faltou a muitos legisladores brasileiros, mas não ao autor do nosso *Projeto de Código Civil.*

Clóvis considerava que a concepção do Direito reflete uma concepção do mundo, sob pena de ser o espírito vacilante, evolucionista em ciências naturais, metafísico em Direito, fetichista em religião"[30].

A "concepção do mundo" de Clóvis não o levava a esquecer desse mesmo mundo, no caso, o Brasil, país para o qual deveria servir como legislador, eis por que motivo Clóvis nunca sacrificou a postulado desta ou daquela Escola o que estava patente na realidade brasileira, não cedendo, tanto quanto pôde, às injunções sócio-econômicas do momento.

O que de tal conjuntura passou para o Código, como veremos adiante, será menos por força de ser Clóvis um individualista convicto — o que ele claramente repudia [31] — e mais pelos fatores que estudamos nos itens anteriores deste capítulo, e que se espelharam nas modificações introduzidas no Código para sua publicação.

Defende-se, já em 1927, Clóvis de uma acusação de individualismo, ao ressaltar que no Código "a propriedade não é um direito absoluto, sofre as limitações impostas pela vida em sociedade e pelos interesses coletivos"[32].

Entretanto o "Proprietas est jus utendi, fruendi et abutendi" vem claramente traduzido no artigo 524: "A lei assegura ao proprietário o direito de usar, gozar e dispor de seus bens..."

Voltaremos à análise do individualismo. Por ora, gostariamos de dizer que o *Projeto* tentou sintetizar os dados da realidade jurídica e social brasileira, dando-lhe uma roupagem romanística, erigindo em conceitos do Direito Romano simples situações historicamente condicionadas. Assim, a importância da propriedade, da família para uma sociedade burguesa ainda patriarcalista, são elevadas à condição mais no- bre de "instituições de Direito", de acordo com a técnica pan-dectística e com as definições do Direito Romano.

Vê-se então que a problemática levantada por um Código Civil, considerado "a Constituição do homem privado", era de tal amplitude e magnitude que mesmo Clóvis Bevilaqua deveria sucumbir e se curvar aos interesses em jogo, sob pena de ver seu *Projeto* rejeitado totalmente. Suas afirmações de 1927 são indício, em nossa opinião, de um sentimento profundo de insatisfação com o que afinal tinha ajudado a fazer. Daí suas reiteradas afirmações de que o Código não era "individualista", o que se pode entender claramente: "gostaria que ele não fosse interpretado por tal diapasão, já que não pude fazê-lo de outro modo".

É o conflito interno de um intelectual, formado em uma filosofia individualista em extremo, que não pode aceitá-la, com seu bom senso de jurista, e além disto, de estudioso do Direito Brasileiro, tendo inclusive escrito *Instituições dos Indígenas Brasileiros,* preocupado com seu estado de marginalização cultural; *Características do Direito Pátrio*, em que, como bom discípulo de Sílvio Romero, estuda o povo brasileiro; *Evolução do Direito de Família no Brasil de 1827 e 1927,* onde se mostra profundo conhecedor da História do Direito no Brasil no século XIX. Enfim, Clóvis Bevilaqua, contemporâneo de Ruy Barbosa, foi mais voltado do que este para as características do Brasil, sem ter jamais padecido da anglofilia ou da americanofilia como aquele insigne jurista, a que faltou o senso histórico que sobejou no cearense de Viçosa.

II — Formação Jurídica de Clóvis Bevilaqua

O espírito eclético de Clóvis talvez se manifeste mais seguramente em questões de Direito. Se em filosofia pode-se falar numa visão predominantemente (mas não puramente) spenceriana, já em se tratando de Direito fica mais difícil enquadrar o autor do nosso *Projeto de Código Civil* em uma Escola determinada.

Entretanto, ele sofre decisiva influência das correntes mais notáveis de sua época, entre as quais cabe salientar a

Escola das Pandectas, sobretudo em sua expressão alemã: Windscheid, Jhering, de certo modo Savigny (jovem).

Tércio Sampaio Ferraz Jr. mostra sua inspiração wolffiana no seu caráter formal-dedutivo de sistema de Direito[33], com base no Direito Romano clássico, não tanto quanto à forma de produção das normas, quanto no que respeita à idéia de "sistema" de Direito, com instituições logicamente encadeadas, e claramente expressas em conceitos precisos, "more mecanico".

Clóvis aprendeu a estimar os autores pandectistas pelo ensino marcadamente romanístico nas Faculdades tanto de São Palo quanto do Recife, chegando a dizer: "O Direito é uma ciência romana, por excelência"[34]. Considera Jhering, autor de *Espírito do Direito Romano*, uma defesa da perenidade do Direito Romano, "o maior jurista do século XIX e do futuro"[35].

Seus *Comentários ao Código Civil* estão cheio de citações de autores pandectistas, entremeados de lições dos juristas romanos.

Foi também devido à influência pandectista que Clóvis acolheu a idéia de uma "Parte Geral", englobando "Pessoas", "Bens" e "Fatos", antes de estudar na "Parte Especial" os vários ramos do Direito Civil. Não se pode esquecer que o *Code Napoleón* não contém "Parte Geral", e que neste ponto pelo menos, como reconhece Wieacker, o modelo foi o alemão[36].

O Pandectismo não foi uma opção pessoal de Clóvis, foi uma característica do ensino do Direito nas Faculdades da Europa e Latino-América, quase como imposição de momento, para criar uma técnica da Ciência do Direito. Ora, o ensino do Direito — da Dogmática — tem uma função social que Tércio Sampaio Ferraz Jr. explica:

"O século XIX", diz Helmut Coing, "representa ao mesmo tempo a destruição e o triunfo do pensamento sistemático legado pelo jusnaturalismo, o qual baseava toda sua força na crença ilimitada na razão humana. (...) Significativa para a passagem entre os dois séculos é a obra de Gustav Hugo (1764-1844). Hugo estabelece as bases para uma revisão do racionalismo a-histórico do jusnaturalismo, desenvolvendo metodicamente uma nova sistemática do pensamento jurídico na qual a relação do Direito com sua dimensão histórica é acentuada, antecipando-se dessa forma aos requisitos obtidos pela chamada Escola Histórica. (...) Propõe, segundo um paradigma kantiano, uma divisão tripartida do conhecimento científico do Direito: 1) o que deve ser reconhecido como de direito *(de jure)*; 2) é racional que o que seja de direito *(de jure)* efetivamente o seja? 3) como aquilo que é de direito *(de jure)* se tornou tal? A primeira questão corresponde à Dogmática Jurídica, a segunda à Filosofia do Direito, a terceira, à História do Direito". O que vale dizer: "Os institutos são visualizados como uma totalidade de natureza orgânica, um conjunto vivo de elementos em constante desenvolvimento. É a partir deles que a regra jurídica é extraída, através de um processo abstrativo e artificial, manifestando assim o sistema explicitado uma contingência radical e irretorquível. (...) A Escola Histórica marca o aparecimento daquilo que Koschaker denomina o 'Direito dos professores'. O 'direito dos professores' aparece quando, sob certas condições , a tônica na ocupação com o Direito passa para as Faculdades de Direito e para seus mestres. (...) A doutrina passava a ocupar um lugar mais importante do que a "praxis" e os doutrinadores uma procedência sobre os práticos. (...) Tal separação não impediu que os práticos, educados nas universidades, viessem a criar condições para influenciar por intermédio da doutrina professoral as decisões judiciárias. Entretanto, a grande influência dos professores não se deu através disso mas sobretudo *por meio da legislação* (grifo nosso) que representou, por assim dizer, sua grande vitória"[37].

Podemos aplicar ao caso do Brasil: é com o *Código Civil* de Clóvis Bevilacqua que a Escola do Recife, e toda a sua concepção do Direito e do homem, alcançou seu grande triunfo.

NOTAS DO CAPÍTULO I (PARTE III)

(1) Roque S. Maciel de Barros — *O Significado Educativo do Romantismo Brasileiro,* passim.
(2) Richard Graham dedica um capítulo inteiro à influência de Spencer no processo de modernização em *A Grã-Bretanha e a Modernização do Brasil,* pp. 241-260. Sobre a ação dos ingleses que aqui vivem há a obra clássica de Gilberto Freyre, *Ingleses no Brasil,* passim.
(3) Waldemar Ferreira — *História do Direito Brasi.*, vol. 2, p. 179.
(4) *Ibid.*, p. 181.
(5) A título exemplificativo, poderia ser citado o caso dos pais que proibiam a transfusão de sangue em seu filho menor, alegando motivos religiosos (no caso citado, não se tratava de católicos).
((6) Maria Isaura Pereira de Queiroz — *O Messianismo no Brasil e no Mundo.* São Paulo, Dominus Editora e EDUSP, 1965, pp. 215 e 216.
(7) *Economia y sociedad* — 2º vol., p. 728.
(8) *Ibid.*, p. 739.
(9) *Ibid.*, p. 741.
(10) V. a este respeito: Pierre Gaxotte — *La France de Louis XIV.* Bernard Basse — *La Constitution de l'Ancienne France.* Hannah Arendt — *Sobre la Revolución* e *Entre o Passado* e *o Futuro.* Bertrand de Jouvenel — *As Origens do Estado Moderno.*
(11) *Op. cit.*, p. 604 do 1º vol.
(12) *A Ciência do Direito,* p. 32.
(13) Edgard Carone — *A República Velha,* pp. 45-47.
(14) *Ibid.* , pp. 94 e 95.
(15) *Ibid.*, pp. 228 e 229.
(16) Maria do Carmo Campello de Souza *et alii* — *Brasil em Perspectiva.* São Paulo, Difusão Européia do Livro, 1971, pp. 167 e segs.
(17) *Ibid.*, p. 166.
(18) V. nossa dissertação de Mestrado: *A Cultura Brasileira Tradicional em face dos valores difundidos pelo cinema americano.* USP, 1975.
(19) *Ibid.*
(20) *Ibid.*
(21) Miguel Reale — *Filosofia em São Paulo.* São Paulo, Ed. Saraiva, 2ª ed., 1976, p. 155.
(22) Roger Bastide — *Brasil — Terra de Contrastes.* São Paulo, Difusão Européia do Livro, 6ª ed., 1975.
(23) *Obra Filosófica de Clóvis Bevilaqua,* Introdução, p. 3.
(24) Clóvis Bevilaqua — *História da Faculdade de Direito do Recife.* Vol. 2, p. 121.
(25) Refere A.L. Machado Neto que Clóvis, na opinião de juristas paulistas inclusive, "era autêntico filho espiritual da oportuna reação de Tobias" (*História das Idéias Jurídicas no Brasil,* p. 75).
(26) Tobias Barreto — *Estudos de Filosofia,* p. 257.
(27) Quer dizer, Tobias investe contra uma concepção do Direito Natural impregnada de wolffismo. Sua oportuna reação nesse sentido — não se deve esquecer — enseja o advento do mecanicismo e evolucionismo no campo das ciências sociais e jurídicas no Brasil, com importantes conseqüências para a compreensão dos problemas sociais, acompa-nhando os conflitos de interesses da burguesia e operários, pois, como lembra Tércio Sampaio Ferraz: "o positivismo jurídico não

foi só uma tendência científica, mas também esteve ligado, inegavelmente, à necessidade de segurança da sociedade burguesa" (*A Ciência do Direito,* p. 32).
(28) Com a diferença — que mostra a acuidade de espírito de Clóvis — que Hauriou associa sem mais jusnaturalismo e democracia e Clóvis prefere ser mais fiel à História, lembrando que Aristóteles construiu toda a doutrina do Direito Natural, sob o domínio de Felipe da Macedônia (Bevilaqua — *Obra Filosófica — Filosofia Social e Jurídica* — cit., p. 215).
(29) Sílvio Romero — *Obra Filosófica.* São Paulo, Liv. José Olympio Editora, EDUSP, 1969, pp. 262 e segs.
(30) "Da Concepção do Direito como Refletora de uma Concepção do Mundo" em *Obra Filosófica,* cit., pp. 3 e segs.
(31) "O Código Civil não é individualista nem socialista. Procura conciliar a liberdade, a iniciativa, a expansão do indivíduo, com as necessidades sociais, num justo equilíbrio". *Op. cit.*, p. 199. Em grande parte a concepção de Clóvis prevalecerá, pela larga difusão dos seus *Comentários ao Código Civil Brasileiro,* no sentido de atenuar o inegável sabor individualista da letra da lei, por exemplo, em matéria de família, testamento, propriedade, frisando o sentido social de tais institutos no Direito Brasileiro tradicional.
(32) *Op. cit.*, p. 200.
(33) *A Ciência do Direito,* p. 30.
(34) Clóvis Bevilaqua — *Filosofia Social e Jurídica,* p. 73, nº 2.
(35) *Idem. Juristas Filósofos,* pp. 105 e 106.
(36) F. Wieacker — *História del Derecho Privado de la Edad Moderna:* "do B.G.B. influiu o sistema e 62 artigos dos 1807 do Código", p. 437, nota 20.
(37) *Função Social da Dogmática Jurídica,* cit., pp. 51-55.

Capítulo II

Princípios Norteadores da Codificação

a) O Modelo Doutrinário: o Direito de Família no Código Napoleão

I — A Idéia de Codificação

Foi no século XIX que surgiu o Código Civil Francês, mas antes disso a *Escola do Direito Natural Racional,* no século XVIII, já insistira na necessidade de uma visão sistemática do Direito.

Tércio Sampaio Ferraz Jr., em seu *A Ciência do Direito,* nos ensina que a principal contribuição do século XVIII no campo jurídico foi a ligação estabelecida entre ciência e pensamento sistemático, sobretudo com Chistian Wolff. "Sistema", diz-nos ele, é mais que agregado ordenado de verdades, pois sistema é 'nexus veritatum', que pressupõe a correção e a perfeição formal da dedução. Este conceito foi depois elaborado por Johann Heinrich Lambert, que em obra (datada de 1787) precisou-lhe os caracteres. Lambert fala-nos de sistema como 'mecanismo', isto é, partes ligadas uma a outra, e dependentes uma da outra, como organismo, isto é, um princípio comum que liga partes com partes numa totalidade: finalmente como ordenação, isto é, intenção fundamental e geral, capaz de ligar e configurar as partes num todo" [(1)].

E o historiador do Direito Franz Wieacker nos mostra que tanto o racionalismo moderno como a ilustração (iluminismo) têm uma comum origem cartesiana e que a idéia de sistematizar é exigência racionalista de captar toda a realidade dentro de um "organismo", com a diferença de que o Iluminismo tinha um cunho mais precisamente revolucionário, com a idéia de Direito Natural[(2)].

Michel Villey vê origens suarezianas (*sic*), ockamianas e mesmo estóicas na idéia de Direito Natural do século XVIII, como código de leis universais e perfeitas e/ou imutáveis[3].

Foi a idéia de "Direito Natural" a grande "trouvaille" do século XVIII como instrumento para contestar o "Direito Divino" dos monarcas.

Paul Hazard, aliás, mostra que a luta já se desenvolvia em pleno século de Luís XIV, opondo, entre outros polemistas, Bossuet e Locke[4].

Bossuet defendia, como se sabe, a origem divina do poder, em suas obras clássicas *Politique Tirée de L'Écriture Sainte e Discours sur l'Histoire Universelle.* Locke, como também Suárez, a origem popular do poder, com a idéia, depois retomada por Rousseau, de um "contrato social". Veja-se, por exemplo, *Two Essays Concerning Civil Government,* de John Locke e *De Legibus* de Suárez[5].

A "Declaração dos Direitos do Homem e do Cidadão" da Revolução Francesa e, pouco antes, a "Declaração de Filadélfia", são exemplos de enunciado de "direitos naturais subjetivos" que alicerçam a vida social e limitam o poder do Estado, proclamando a "soberania"de cada indivíduo.

O Código Napoleão de 1804 pretenderá ser exatamente a "Constituição do Indivíduo", tal como havia uma "Constituição da Nação".

O que é racional é natural e o que é natural é racional, postulado ao mesmo tempo do racionalismo e do iluminismo, é a afirmação que serve de base a todas as codificações do século XIX. A rigorosa precisão terminológica, a clareza de idéias, o pensamento lógico são qualidades exigíveis de um Código que respeite a "natureza", pois o natural é racional, enquanto que o irracional é o antinatural. Era o esquecimento completo das inquietações de Pascal e, mais ainda, a retomada do realismo aristotélicotomista em novas bases. Era também o "puro abstracionismo", nos termos em que criticamente o situaram, sucessivamente, Burke, De Maistre e Savigny.

Mas era o que serviria de paradigma para todas as codificações.

Acresce que o Código vinha assegurar o primado da lei escrita, em detrimento do costume, como postulavam os "romanistas", antipáticos a tudo o que era tradicional, popular, espontâneo, pouco entusiastas do "hic et nunc", mais favoráveis às lapidares conceituações do Direito Romano.

Dir-se-á: não houve a reação da Escola Histórica? Não foi a idéia de codificação combatida por Savigny que, com bom senso kantiano, desconfiava da razão[6] e da abstração?

Mas tal reação foi absorvida pela "Escola das Pandectas"que, partindo de uma linha historicista ou histórica, como pretendia Savigny, para analisar corretamente o "Espírito do Povo", aos poucos foi perdendo de vista seu ideal romântico para se cristalizar numa pura técnica conceptual, identificando o "Direito Romano das Pandectas" com a racionalidade transformada em instituições jurídicas, chegando ao mesmo "Positivismo" que a Escola Racionalista Jusnaturalista, com outra conotação, é verdade, pois já levando em conta a historicidade das instituições[7]. Explica Miguel Reale[8] que a Escola das Pandectas entendia o Direito como "corpo de regras"[9]. De qualquer modo, os pandectistas absorveram a críica historicista ao racionalismo, mas não abandonaram a idéia de sistema[10]. Os "*Manuais de Pandectas*" dos ilustres juristas e romanistas, como Contardo Ferrini, por exemplo, são sistemáticos... É a conclusão a que chega o mesmo Wieacker [11].

Alerta Tércio Sampaio Ferraz Jr. para a ambigüidade a que se presta o termo "positivismo", designando tanto o sistema filosófico de Auguste Comte como o sistema jurídico que deveu pouco ao historicismo de Savigny e mais ao seu culto pelo Direito Romano das Pandectas[12].

Entretanto, foi na França, com a Escola de Exegese, que o "positivismo" jurídico foi mais cartesiano.

II — A Escola de Exegese

A idéia de codificação é a idéia dominante no século XIX, que descreve um arco de círculo, desde o Código Civil Francês ou Código "Napoleão", de 1804, na primeira década do século, até o Código Civil Alemão de 1896, na última década. Ela surge como conseqüência de uma exigência de racionalização das leis, obtida através de um esforço de consolidar o já existente e ao mesmo tempo inovar, tomando como parâmetros os ideais de 1789. Com exceção do mundo anglo-americano, que repeliu a idéia de codificação, por sua tendência pragmatista — que o levou também a repudiar a Revolução de 1789, com Edmond Burke — tanto o mundo germânico como o latino, todo o mundo civilizado se empenhou na tarefa de codificar.

As conseqüências para a Ciência do Direito não se fizeram esperar: como decorrência da codificação, surge a idéia da inexistência de lacunas, da impossibilidade da ordem jurídica positiva não ser completa. Todo o Direito Civil estava no Código, saber Direito Civil era conhecer o Código Civil: "Le Droit Civil c'est le Code Civil"(13).

O próprio nome escolhido "de Exegese" é significativo. Outrora se empregava a palavra para designar o exame da letra da Escritura Sagrada, sendo conhecidos como "exegetas" os grandes intérpretes da Bíblia. O apego à redação escrita é evidente, daí terem sempre os exegetas (da Bíblia, como do Código, com uma analogia que ocorreu a muitos espíritos, sendo a lei "sagrada" à sua maneira) sempre valorizado muito a análise gramatical do texto, a análise semântica, primando sobre qualquer outro critério de interpretação o de "ir à letra da Lei".

Daí que a idéia de Código não pode admitir lacunas, e, para obviar à impossibilidade material de prever situações futuras, ficou o Código Napoleão, como espaçoso veículo em que sobram lugares, com alguns artigos em branco, para serem preenchidos pelas decisões legais futuras.

Para termos uma idéia da importância da codificação de 1804, vejamos as observações de Miguel Reale:

"Pode considerar-se pacífico o reconhecimento de que é com o Código Civil de Napoleão que tem começo a Ciência Jurídica moderna, caracterizada sobretudo pela unidade sistemática e o rigor técnico-formal de seus dispositivos. Em verdade, a codificação francesa parece atender aquelas exigências de "lucidus ordo" que o racionalismo considerava inerente ao Direito, equiparado por Leibniz à concatenação lógica da Geometria. À vista das críticas que contra o mesmo foram levantadas desde as últimas décadas do século passado — críticas essas que consistem sobretudo na acusação de exagerado formalismo invidividualista — poderá parecer ao menos avisado que o legislador napoleônico teria feito obra alheia às necessidades da vida social, quando não retrógrada e reacionária. Tal juízo padece evidentemente da falta de perspectiva histórica, e, às vezes, é apenas fruto de ralos conhecimentos sobre a origem e a formação da sociedade contemporânea.

Na realidade bem poucos legisladores como os de 1804 souberam colocar-se tão sobranceiros às vicissitudes do passado e às forças projetantes do futuro, pondo-se a cavaleiro de duas épocas, consolidando e sistematizando as conquistas liberais da burguesia, segundo o binômio "liberdade-propriedade" que constituía a viga mestra de todo o ordenamento jurídico da época"(14).

Vale dizer que o *Código* consubstanciou as conquistas da burguesia no campo do Direito Privado, como a *Constituição do Ano X,* as suas aspirações no campo do Direito Público.

Seria o modelo de todas as codificações vindouras que buscassem as garantias de liberdade e propriedade da mesma classe, como foi o caso de nosso Código de 1916, evidentemente elaborado para primacialmente atender aos reclamos da classe que naquele momento da República Velha dominava o cenário social, econômico e político do Brasil.

III — O Pátrio Poder no Código Napoleão

O indivíduo-pai aparece, no Código Napoleão, com plenos poderes: "Art. 374: O filho não pode deixar a casa paterna sem a permissão do pai..." Isto em decorrência do Art. 373: "Só o pai exerce autoridade durante o casamento". O reconhecimento do pátrio poder com tal amplitude entretanto não contrariava as propostas "liberais"de 1789. Vejamos por qual motivo: seria uma concessão feita à História?

Isto não escapou ao arguto Laurent, como aconteceu a tantos outros comentaristas de "Code Napoléon" antes que de "Direito Civil": "A legislação romana, tão conforme em tantos pontos à natureza, tão fiel intérprete da razão, se afasta de ambas de modo bem estranho, quando se ocupa do pátrio poder. Nossos velhos costumes, que tratamos de bárbaros, que de fato nos vêm dos povos bárbaros, tinham mais respeito pela personalidade da criança. Partem de um princípio completamente oposto. Lê-se nas "*Institutions Coutumières* de Loysel": "Droit de puissance paternelle n'a lieu". (...) É um outro princípio que aparece: o da personalidade, da individualidade humana, princípio que os antigos desconheciam, enquanto que ele domina em todas as relações civis e políticas dos povos germânicos. Entre os germanos a família se resume também no chefe, ele é que a representa, mas ele não é mais seu senhor, não é senão seu protetor. O poder muda para tutela, o domínio do pai de família se torna a guarda. A palavra deLoysel se encontra já nos longobardos e suas leis, apesar de serem das mais severas em matéria de pátrio poder ("Iure Longobardorum filii non sunt in potestate patris"). (...) Os princípios do direito germânico passam aos costumes e deles ao *Código Napoleão*. Os autores do código não têm conhecimento desta filiação: repudiam o direito costumeiro com desprezo e cólera. Os autores do Código dizem que retiravam da razão e da natureza os princípios que regiam o pátrio poder. Eles o retiravam, sem se aperceberem, dos costumes que eles denominavam bárbaros. É que os povos do norte, desprezados como bárbaros pelos gregos e romanos, tinham um sentimento mais verdadeiro da natureza e de seus direitos que as nações tão celebradas da Antiguidade. Eles deram à humanidade moderna o princípio da individualidade, raiz de nossa liberdade civil e política"[15].

Distingue portanto o insigne jurista francês o pátrio poder da tradição germânica e costumeira do pátrio poder romanístico. Este teria todas as características de "poder absoluto"e "direito" do pai sobre o filho, aquele as de um "dever de assistência" do pai para com o filho, verdadeiro pátrio "dever". Este seria o pátrio poder do "Antigo Regime", aquele o da Revolução.

Teria então a Revolução e o Código uma mesma inspiração no direito antigo, enquanto o Antigo Regime teria se inspirado no medieval.

A oposição nesse campo entre Revolução e Antigo Regime, em que se baseia o raciocínio de Laurent, no entanto parece carecer de fundamento. Os princípios de centralismo político não foram derrubados pela Revolução, a gradativa estatalização da vida civil, iniciada com os reis absolutos, prosseguiu com a ordem de coisas implantada pela Revolução. Hoje já se tem por pacífico que a Revolução serviu apenas para alterar a forma de governo (de monarquia hereditária para república representativa) e de liderança social (da nobreza para a burguesia), não para modificar substancialmente a estrutura do Estado. E o próprio Napoleão é um exemplo característico do cesarismo, até superando em muito o de Luís XIV, pois este ainda tinha de lutar contra as resistências feudais remanescentes no início dos tempos modernos, e Napoleão encontrou uma situação mais viável ao centralismo e à ditadura numa nação trabalhada pelo despotismo esclarecido.

Isto não quer significar que a Revolução não tenha aproveitado os velhos ressentimentos regionais e estamentais contra o centralismo dos Bourbons. Mas coisa diversa é se concluir que, uma vez derrubado o governo monárquico, ela de fato tivesse restaurado antigas liberdades comunais, devolvido o poder legislativo aos antigos municípios. Tudo indica que se tal proposta existiu na mente de alguns revolucionários (digamos na primeira fase da Revolução, de tendência constitucional segundo o modelo inglês e Montesquieu), ela foi engolida pelo processo revolucionário que se seguiu.

De modo dialético, a Revolução partiu da defesa da Liberdade, para num segundo momento suprimi-la, em nome da Igualdade. Napoleão representa a supressão em 1800 da proposta igua-litária, agora com a clara intenção de frear a Revolução, dando-a por terminada. Fica-se, paradoxalmente, sem a Liberdade da proposta inicial (ditadura, centralismo político e administrativo crescente) e sem a Igualdade (supressão das corporações, identificação da ação popular com a subversão). Sem entidades abstratas, talvez com a procura no Código de algo mais concreto e palpável.

Se há uma correlação entre Direito Público e Privado, como se poderia esperar o florescimento da Liberdade na educação, da moderação no seio das famílias "segundo antigos costumes germânicos"?

Tudo isto ficou letra morta, como o próprio Laurent nos diz: "Se temos uma reclamação a fazer à nossa legislação civil e política é que ela não consagra as conseqüências dos princípios inaugurados pela Revolução. O direito do filho é reonhecido em teoria, e na prática ele está a mercê da ignorância e cegueira dos pais (*sic*). São eles que educam o filho com poder absoluto, e freqüentemente eles delegam sua autoridade à Igreja, cujo espírito não é certamente o de Liberdade. A contradição é chocante: o direito do filho, longe de ser guardado, é sacrificado. (...) A garantia deve estar na intervenção do Estado. (...) É para garantir o livre desenvolvimento da criança que reclamamos a intervenção do Estado, e não para absorver sua liberdade em proveito de qualquer doutrina"[16].

Quer dizer, tal como na ordem política em que Napoleão praticamente negava os ideais abstratos da Revolução, assim na ordem privada e civil o Código não conseguia fazer triunfar o princípio de amenidade de um "pátrio poder liberal", mas de um pátrio dever de educar, perante o Estado.

A contradição deve ser buscada, sem dúvida, na influência das idéias políticas que, desde Machiavel até Hobbes, e deste até Rosseau, sempre negaram a existência de direitos humanos que não os concedidos pelo Estado, vale dizer, a liberdade como concessão do Príncipe, como permissão do Leviatã, como concessão da "volonté générale"[17].

E foi sob a égide de um admirador incondicional e seguidor de Machiavel, Napoleão Bonaparte, que se redigiu, votou e aprovou o Código Civil[18], um Código de direitos mas também de deveres.

Isto não pode ser esquecido, quando se recorda que o *Code Napoléon* serviu de modelo ao nosso *Código Civil* de 1916.

b) A Evolução da Doutrina e da Jurisprudência sobre o Pátrio Poder e as Discussões do Projeto de Clóvis Bevilaqua

I— Conceito de Pátrio Poder, para Clóvis Bevilaqua: uma Releitura do Direito Romano

O conceito de pátrio poder não consta do articulado do Código Civil de 1916 mas se infere facilmente, de suas disposições a respeito das "Relações de Parentesco" no "Direito de Família", qual seja sua importância.

Clóvis Bevilaqua nos diz em seu *Direito de Família* que o pátrio poder é "o conjunto de direitos que a lei confere ao pai sobre a pessoa e os bens dos filhos legítimos, legitimados, naturais, reconhecidos ou adotivos" [19], o que para Castán Tobeñas significa direito subjetivo do pai [20]. Entretanto, este autor espanhol ressalva que o direito próprio à pátria potestade é também um dever de prestar assistência ao filho e — seguindo a lição de Cicu[21] — seria mais exato falar em "direito da família", o que se aproxima da concepção grupalista do direito medieval, mas sem viabilidade no Direito Civil atual, pois nele — exceção feita das pessoas jurídicas — não existe titularidade de direito de um grupo social, do tipo da família, sendo os direitos inerentes ao pátrio poder ligados à personalidade jurídica do pai ou, à falta deste, da mãe.

E diz Clóvis que a base da moderna concepção do direito do pai é o Direito Romano; mas este se acha combinado com outras influências, de modo que sua amplitude "odiosa" foi desaparecendo, cessando a "pátria potestas" que servia ao "egoísmo dos chefes da sociedade doméstica", e sendo substituída por uma fórmula que corresponde ao "benéfico altruísmo que serve de arrimo à debilidade dos filhos"[22].

Mas reconhece, como o *Digesto* e as *Institutas* referem, que em Roma não tinha ele feição especial. Ora, isto era lógico se levarmos em conta que — como ensina Villey — Roma não conheceu o "Direito Subjetivo".

Villey contraria a tendência em ver em Roma sua origem remota. Trata-se de luminoso texto da obra *La Formation de la*

Pensée Juridique Moderne: "Não há na família direitos separados, em Roma. O filho é algo do pai, não é outro, não tem patrimônios distintos. A família é 'comunidade' não 'sociedade': não há 'direitos' em seu seio, nem 'justiça'. É a distinção entre 'Gesellschaft' e 'Gemeinschaft', dos alemães da sociologia do século XIX"(23).

De formas que o relacionamento pai-filho em Roma não obedece aos rigorosos limites de um "direito subjetivo do pai" a que deveria corresponder um "dever subjetivo" do filho ou vice-versa.

Inteiramente outro é o panorama no Direito Moderno, principalmente no século XIX, pois o primado do indivíduo aparece claramente no Código Napoleão e na Escola de Exegese. Ora, Clóvis foi um adepto da Escola das Pandectas, alemã, mas guardando características próprias, estudioso que era, como já vimos acima, da história dos institutos jurídicos na realidade brasileira.

Entretanto, nunca seria demasiado salientar que a Ecola das Pandectas interrompeu e cristalizou em fórmulas perenes conceitos que, no antigo Direito Romano, se inseriam num processo de contínua atualização, no que exatamente se afastou a Escola de Windscheid de seu mestre historicista Savigny. É a opinião de Wieacker: "A Escola Histórica se tornou "ciência pandectística". A primeira justificação disso foi empreendida por Puchta ao excluir, pelo ímpeto arbitrário de uma época de "cientificização do Direito", o espírito do povo da tarefa da criação jurídica e a favor da ciência do Direito, fazendo-o, desse modo, estéril"(24).

Logo, a noção de instituto romano transmitida pelos pandectistas passava pela clivagem do século, pelo individualismo, como verdadeira releitura do Direito Romano.

Em matéria de pátrio poder claro está que a família era considerada como uma sociedade, não como uma comunidade, composta de indivíduos, o indivíduo-pai, o indivíduo-filho, como um conjunto de indivíduos, com seus direitos subjetivos respectivos.

Foi esta concepção que Clóvis recebeu nos seus estudos pandectistas, responsáveis em grande parte pelo pano de fundo individualista que impregna o Código de 1916.

Mas se o bom senso é, na frase de Descartes, "la chose du monde la mieux partagée", não podemos supor que ele faltasse aos juristas: daí as reações contra os excessos de individualismo na obra sempre encarecida de um François Geny, de um Léon Duguit, precursores do vasto movimento cujos ecos chegaram aos ouvidos de Clóvis e explicam seu cuidado em se afastar de um espírito individualista, embora aceite algumas contribuições da Escola de Exegese e as acolha em seu *Projeto,* como adiante veremos.

Quando na França já se denunciava a insuficiência do Código, com a obra de Gény *Methodes d'Interpretation et Sources en Droit Privé Positif,* publicada em 1899, iniciávamos os debates sobre o Código brasileiro. Isto não pode ser esquecido, para se compreender as concepções doutrinárias em matéria de codificação: "o sistema das concepções abstratas e das construções puramente lógicas não dá à pesquisa científica qualquer coisa de diferente de um instrumento de descoberta sem valor objetivo, que pode sugerir as soluções mas é incapaz, por si só, de demonstrar o fundamento e de provar o valor intrínseco dele bem como sua verdade constante"[(25)].

Conclama Gény os juristas a buscar na natureza das coisas ("la nature des choses") um "direito comum, geral quanto à sua natureza, subsidiário quanto à sua função, que supre as lacunas das fontes formais, e dirige todo o movimento da vida jurídica"[(26)].

Critica este autor o apego dos juristas franceses em geral ao direito escrito, dos Códigos, contrapondo-lhes os juristas alemães, da Escola Histórica, que valorizavam também o costume: "A essência do costume é desenvolver-se para o uso de um grupo social, correspondendo a seus interesses e necessidades, expressando o sentimento jurídico dos componentes (classe, profissão, corporação, família, aldeia, grupos com usos e costumes jurídicos próprios no Antigo Regime). A forte centralização política levou o direito consuetudinário francês a ceder o passo, perante o papel preponderante da lei escrita"[(27)]. Entretanto esclarece: "Não há dúvida que o costume desempenhou papel capital na elaboração de nosso direito positivo. A maior parte dos institutos jurídicos privados, tão copiosamente regulamentados pela lei escrita, não puderam se constituir senão por força do costume. *V. g.* o regime matrimonial, com tão sutis interesses salvaguardados com mesura e equilíbrio não poderia ser resultado de uma lei escrita que o estabelecesse de modo mais ou menos abrupto. O costume parece, pois, uma preparação, pelo menos, indispensável para o direito escrito"[28].

E conclui o seu pensamento, dizendo: "Não se trata de opor lei escrita a costume, mas de reconhecer no direito costumeiro uma fonte paralela e subsidiária, capaz de engendrar regras jurídicas positivas"[29].

Forçoso é reconhecer a dificuldade da posição defendida por Clóvis num momento em que, em França, de onde vinha o modelo napoleônico civil, surgiam críticas que, no Brasil, onde ainda não havia Código, só contribuíam para adiar sua publicação, aspirada já há muito por quem via no Código uma possibilidade de desaparecimento do patriarcalismo, como se analisou na Doutrina e na Jurisprudência do século XIX, no Capítulo II da Parte II.

II — A Posição de João Arruda

A análise dos fatores que influíram na elaboração do Código de 1916, como a fizemos no capítulo anterior, e a investigação sobre o pensamento filosófico e jurídico de Clóvis Bevilaqua nos forneceram bases sólidas para penetrar no "funcionamento" da legislação civil, para ficarmos com a visão de Luhmann. Mas cremos que esta visão ficaria incompleta se esquecêssemos que, concomitantemente, houve uma evolução da Doutrina e da Jurisprudência que tornaram possível a final aprovação do *Projeto* do ínclito cearense.

Em 1887, por exemplo, Coelho Rodrigues ainda defendia o estabelecimento do "conselho de família", claramente "com o intuito de diminuir a ação oficial nas relações domésticas", pois, para ele, "o pensamento dominante deverá ser o de conservar o direito vigente, alterando apenas as disposições que, por serem obsoletas ou nocivas, não devem continuar (...) o trabalho do codificador consiste mais na consolidação do que há do que na criação do que deve haver e, em última análise, as leis são feitas para as pessoas e não as pessoas para elas"[30]. Daí, com rigor de lógica, propor a ampliação do direito de testar, pois "a herança necessária, tal como a temos, transforma os filhos em credores perpétuos e insaciáveis, ao mesmo tempo que diminui a força moral dos pais (*sic*) e com ela a eficiência da educação doméstica"[31]. Quer isto dizer que, dois anos antes do golpe de 15 de Novembro, o patriarcalismo ainda era defendido na Doutrina, infenso à intromissão do Estado no Direito de Família e a qualquer inovação, exceto no que representasse um retorno a situações de maior poder para o pai, como a supressão da herança necessária, para fortalecer o poder do patriarca e tirar aos filhos-famílias qualquer segurança que "diminuísse a força moral dos pais", dando-lhes alguma pequena independência.

Sabemos que muito desta visão perdurará no Código, talvez contra o sentir de Bevilaqua, mas também é verdade que já se começa a defender uma posição contrária à de Coelho Rodrigues, como o faz corajosamente Clóvis, em 1900: "Um Código não é um trabalho de construção doutrinária. Diante de formas novas de relações jurídicas cumpre-lhe dar-lhes entrada franca, se já se acham postas em relevo e acentuadas, reclamando apenas o reconhecimento legal"[32].

E, culminando seu ponto de vsta, como que rebatendo às críticas que o *Projeto* ia levando: "Se o homem socialmente considerando tem primazia sobre o homem como indivíduo, se os interesses altruístas são preferíveis aos egoístas, cabe a precedência, por amor da Sociologia e da Lógica, aos institutos da família, círculo de organização social sobre os institutos econômicos, meios de assegurar a conservação e o desenvolvimento da vida social"[33].

Procurando chegar a um ponto de equilíbrio em matéria tão polêmica, pois representava o triunfo do Estado sobre tendências descentralizadoras profundamente arraigadas nas elites dirigentes, escrevia em denso, embora breve trabalho o prof. João Arruda: "Há um meio termo a que devemos chegar, podendo o pátrio poder ser ampliado ou restringido, dentro de certos limites, tendo o jurisconsulto presentes as circunstâncias de educação do povo, de seus costumes, de suas condições econômicas, e de sua cultura intelectual e outras". E inferia: "Pode haver extensão repugnante na faculdade de castigar, na de consentir no casamente e na de exigir serviços"[(34)].

Indo mais fundo, João Arruda toca no ponto crucial: "O Estado moderno pode, inspirando-se no interesse do indivíduos e da sociedade, regulamentar a autoridade do chefe de família, no sentido de melhor salvaguardar tais interesses". Conhecedor do que em realidade se discutia, sentenciava ele: "Claro está que toda a habilidade do legislador consistirá em pôr em ação, em benefício da sociedade, os múltiplos motores egoísticos e os raros altruísticos dos pais e dos filhos"(*sic*)[(35)].

A Jurisprudência acompanhou a evolução doutrinária: dizia o Acórdão do Tribunal de Relação do Rio de Janeiro; no Agravo Cível nº 1.127, em 2 de abril de 1909: "É o pátrio poder uma instituição de ordem pública"(*sic*)[(36)].

Tal passo dado também se explica com a proclamação da República, pois, como já se entendia em 1891: "em face do novo regime republicano, só se reconhece o casamento civil" (Sentença de 20/4/91)[(37)].

Não se exige, também, por parte da mãe que sucede ao pai no pátrio poder, a prova de idoneidade antes prescrita, o que representou um progresso no caminho rumo à equiparação de ambos os cônjuges[(38)].

Como, no entanto, o individualismo se fez presente nos artigos do Código? Acompanhemos os debates sobre o Projeto Clóvis Bevilaqua.

III — As Discussões sobre o Projeto de Clóvis Bevilaqua

Se, em 1867, Teixeira de Freitas podia dizer: "Há desarmonia profunda entre meu pensamento atual e as vistas do Governo Imperial. O Governo quer um projeto de Código Civil, para reger como subsídio ou complemento de um Código Comercial"[39]. Clóvis Bevilaqua, por sua vez, reconhecia, em 1900: "Se há necessidade claramente acusada pela consciência jurídica em nosso país é, creio eu, a da codificação das leis civis"[40]. Entretanto, isto não nos permite olvidar as sérias polêmicas travadas pelo jurista cearense com a apresentação do seu "*Projeto de Código Civil Brasileiro*".

Investiu contra o *Projeto*, como um todo, Inglês de Souza, através de artigo na *Revista Brasileira*, criticou-o, na maioria de suas disposições, a Ordem dos Advogados do Brasil, em várias sessões. Destacamos, por sua pertinência com nosso assunto, a Xª Sessão, de 13 de julho de 1901, em que concluiu: "Seguramente que o Estado se move impelido pelo interesse público, pela subsistência da família, primeira célula do organismo social, pelo futuro dos filhos, cujo desamparo produz danos a todos"[41]. Mostrava, pois, a OAB o interesse social e público constitucional da instituição, contra o privatismo a que se circunscreveu Clóvis em seu *Projeto*, talvez por sua leitura pandectista alemã do Direito Romano, como acima apontamos. No geral, porém, a OAB apoiava Clóvis em quase tudo que seu gênio elaborara.

Deixamos aqui de lado as críticas a aspectos gramaticais da redação do Código, pois nada referem que de algum modo se relacione com a problemática do pátrio poder. Mas não há dúvida que as expressões utilizadas pelo *Projeto*, nesta matéria, eram mais incisivas do que as finalmente acolhidas na lei. Assim é que o artigo 446 do *Projeto* diz expressamente: "O pátrio poder é exercido pelo marido como chefe da família, o qual deve sempre ouvir sua mulher em tudo o que disser respeito ao interesse do filho"[42]. Como se verá, a redação foi modificada, nos debates parlamentares, para: "Art. 380 — Durante o casamento, exerce o pátrio poder o marido, como chefe da família, e, na falta ou impedimento seu, a mulher". Desapareceu a colaboração, entre os cônjuges, na redação final[43].

No *Projeto*, poderia o pai (art. 450) "exigir que lhe prestem obediência, respeito e os serviços próprios de sua idade e condição, sem que tenham direito de reclamar paga ou recompensa"[44]. Este artigo não foi mantido integralmente no art. 384, II. Suprimiram-se as alusões a uma "paga ou recompensa", por parte dos pais, para serviços prestados pelos filhos. Ter-se-ia aqui um claro reflexo da "mens legislatoris"? Era mais incisivo o *Projeto* no artigo 463: "Se o pai ou mãe (observe-se como eram eles inseparáveis na mente de Clóvis) infligir excessivos maus-tratos nos filhos (*sic*), sem atender às admoestações do juiz, se os abandonar, se lhes der ordens, conselhos ou exemplos perniciosos, se se tornar culpado de atos de lenocínio ou de outros atentados contra o pudor dos filhos, será demitido do pátrio poder por sentença judicial proferida a requerimento de algum parente ou do Ministério Público"[45]. Como se sabe isto tudo se reduziu ao expresso no artigo 395: "Perderá por ato judicial o pátrio poder o pai ou a mãe: I — que castigar imoderadamente o filho; II—que o deixar em abandono; III —que praticar atos contrários à moral e aos bons costumes".

Explicava, no entanto, Clóvis, em artigo sobre "O Pátrio Poder" da *Revista dos Tribunais*, já em 1928: "O pátrio poder não é um poder discricionário, a que se não oponham os imperativos da moral, as exigências da vida social orientada pelos ideais da civilização, e os conselhos da higiene (*sic*), que a sociedade moderna erige em normas obrigatórias de proceder. O pátrio poder há de exercer-se dentro das normas da ética e no interesse moral do filho"[46].

Quer dizer, o articulado de Clóvis era mais específico, pois sabia das possibilidades de abuso do pátrio poder e do prejuízo para a educação dos menores no ambiente urbano, principalmente pela "elasticidade" do vago conceito de "moral e bons costumes", em um Brasil que no início do século passava por grandes transformações sociais, culturais e econômicas. Lembremos que já nos anos 20, com a "Semana de Arte Moderna" e tudo o mais que se lhe seguiu, a moral "tradicional" sofreu fortes abalos, tornando-se discutível muito do que até então se tinha por "sagrado". Influências estrangeiras , por seu turno, trarão ao Brasil, inevitavelmente, várias concessões em matéria de moral sexual, com o que se abalarão os já frágeis princípios da "moral burguesa"[47].

Mais otimistas, os críticos do projeto preferiram a expressão genérica. Infelizmente, como é sabido, Clóvis tinha razão em querer especificar. O autor do Projeto teria, aliás, várias de suas teses consagradas anos depois pela Jurisprudência[48].

Considerava o jurista a quem para nossa felicidade, por criticável que pareça ser sua posição pandectista, coube a tarefa da codificação que: "o sistema (da codificação) coloca o interesse das crianças, das tenras mentalidades em formação, entre os deveres superiores da sociedade"[49].

c) As Disposições do Código Civil de 1916 em Matéria de Pátrio Poder

I — O Pátrio Poder e o Direito de Família no Código Civil

Os debates sobre Direito de Família em torno do *Projeto*, que acima referimos, culminaram com a redação final que, em grande parte, se manteve até os anos 90, com não pequenas modificações devidas à ascensão social da mulher casada, à introdução do divórcio no final dos anos 70, com o Código do Menor, para resolver novos problemas e situações da sociedade contemporânea.

Muitos desses problemas já se esboçavam no início do século e, como refere Waldemar César da Silveira em denso artigo[50], Radbruch atribui a desintegração da família "ao desenvolvimento do capitalismo" (*sic*). Na era da organização social pré-capitalista "o lar e a herdade eram como unidades econômicas ou células originárias do corpo social", não só na agricultura como na indústria. O capitalismo foi arrancando aos poucos os individuos à família, tornando-os membros de novos grupos: o homem passou a trabalhar na fábrica, a mulher a ajudar os outros na casa alheia, as filhas colocaram-se como vendedoras nos estabelecimentos de comércio, os filhos como auxiliares nos escritórios, e assim, deste modo "a família deixou de ser a formação sociológica ou grupo social que era até aí verdadeira comunidade, para ser pura somatória de relações dentro das quais o homem e a mulher, os pais e os filhos, sem a função de uma atividade econômica a prendê-los entre si, se acham por fim apenas ligados por laços pessoais, psicológicos e fisiológicos".

Com os olhos postos na sociedade que se industrializava, nos anos 10, como que prevendo o que sucederia — e de fato sucedeu — nos anos subseqüentes (pois em 30 já temos todas as características das grandes organizações urbanas da "sociedade de massas", saberemos a diferença entre "povo" constituído por grupos com vida própria e "massa" amorfa, de indivíduos justapostos mecanicamente [51], e veremos por que o legislador do Código Civil deu, nos artigos que tratam da família como nos que se referem ao pátrio poder, uma ênfase maior aos aspectos individuais e societários, em detrimento dos aspectos comunitários. Mas mesmo assim, ponderava Clóvis[52], a família "é um círculo dentro do qual se agitam e se movem ações e reações estimuladas por sentimentos e interesses especiais, que lhe emprestam feição suficientemente caracterizada, para exigirem classe à parte, na distribuição das matérias do direito privado". Neste tempo já na França Georges Valois, em *Le Père: Philosophie de la Famille* antecipava as noções de "corporativismo"e "comunidade familial", contra o individualismo e o estatismo, dois pólos opostos que se atraem.

II — Direitos do Pai sobre a Pessoa do Filho

O pátrio poder vem disciplinado em nosso Código no cap. VI do Título V (das Relações de Parentesco), no Livro I (Direito de Família), da Parte Especial. Compõe-se dos artigos 379 a 395, num total de dezesseis artigos, divididos em quatro Seções: I — Disposições Gerais; II — Do pátrio poder quanto à pessoa do filho; III — Do pátrio poder quanto aos bens do filho; IV — Da suspensão e extinção do pátrio poder.

O artigo 379 explica que "estão sujeitos ao pátrio poder, enquanto menores, os filhos legítimos, os legitimados, os legalmente reconhecidos e os adotivos". De modo que, não só os filhos provenientes de casamento na forma da lei, mas também os provenientes de união natural, desde que venham a ser legalmente reconhecidos ou legitimados, bem como filhos adotivos, estão sujeitos ao pátrio poder[53].

O Prof. Washington de Barros Monteiro esclarece: "Relativamente aos ilegítimos não reconhecidos, como a maternidade quase sempre é certa, ficam eles, enquanto menores, sujeitos ao pátrio poder da genitora"[54].

Quem exerce o pátrio poder?

O artigo 380, em sua primeira redação, sentenciava: "Durante o casamente, exerce o pátrio poder o marido, como chefe da familia, e, na falta ou impedimento seu, a mulher". Mas o artigo 381 explicava: "O desquite não altera as relações entre pais e filhos senão quanto ao direito, que aos primeiros cabe, de terem em sua companhia os segundos". O Prof. Barros Monteiro diz até: "O pátrio poder cabe em comum aos dois genitores, a ambos deve o filho obediência e respeito"[55]. Isto ficou mais claro, com a nova redação dada ao artigo 380, pela Lei nº 4.121, de 27.8.1962: "Durante o casamento, compete o pátrio poder aos pais, exercendo-o o marido com a colaboração da mulher. Na falta ou impedimento de um dos progenitores, passará o outro a exercê-lo com exclusividade". Vê-se, claramente, a elevação da mulher à situação de paridade absoluta com o marido, inexistente na primeira redação do artigo 380.

O artigo 382 diz ainda: "Dissolvido o casamento pela morte de um dos cônjuges, o pátrio poder compete ao cônjuge sobrevivente".

Também poderia o casamento ser dissolvido pelo desquite. Nem assim se extinguiria o pátrio poder, que continuaria com os pais, em conjunto, independente de quem fique com a guarda dos filhos, tendo o outro cônjuge os seus direitos sempre garantidos, tal como nas situações de desquite ou separação de corpos.

O filho não reconhecido e ilegítimo fica, pelo artigo 383, sob o poder materno, mais uma vez prevalecendo o antigo aforisma latino: "Pater incertus, mater est certa". Se nem a mãe for conhecida, terá ele um tutor (artigo 383).

Há ainda a lembrar a ressalva do artigo 380, parág. único, em sua nova redação: "Divergindo os progenitores quanto ao exercício do pátrio poder, prevalecerá a decisão do pai, ressalvado à mãe o direito de recorrer ao juiz, para solução da divergência".

Como se exerce o pátrio poder?

No pátrio poder existem dois tipos de relações: a) quanto à pessoa dos filhos, b) quanto a seus bens. Agora analisaremos o que diz respeito à pessoa dos filhos. São as chamadas "relações pessoais".

O artigo 384 diz: "Compete aos pais, quanto à pessoa dos filhos menores: I — "Dirigir-lhes a criação e educação". Criação e educação não são sinônimos. O Código Civil Espanhol, no seu artigo 155, diz: "Os pais têm, com respeito aos filhos não emancipados, 1º) o dever de alimentá-los, tê-los em sua companhia, educá-los e instruí-los..."

De forma que se deve entender "criação" de nosso Código como "alimentação, sustento, cuidado material, de saúde etc. para um bom crescimento, bem no sentido de "criar", "fazer crescer a quem gerou".

Deve também o detentor ou detentores do pátrio poder educar os filhos. Educação significa a educação para a vida social, como são regras de etiqueta e sociabilidade, regras de cuidado e asseio pessoal, e, conforme a suas posses, colocá-los em estabelecimentos de ensino, para receberem ensinamentos para se tornarem úteis à sociedade, para desenvolverem suas faculdades, a fim de terem uma profissão quando atingirem a maioridade.

Continua o artigo 384: II — "Tê-los em sua companhia e guarda". Quer dizer, proporcionar-lhes aquele convívio familiar, verdadeiramente insubstituível, para formar uma personalidade normal, exceto em situações especiais, em que eles são obrigados a deixar os filhos sob a guarda de instituições especializadas. Mas nunca em caráter definitivo, como que transferindo para elas a tarefa da educação, e sim de modo supletivo e acidental. III — "Conceder-lhes ou negar-lhes consentimento para se casarem".

O Prof. Barros Monteiro esclarece que o consentimento deve precisar especificamente "para contrair casamento com determinada pessoa" e não ser apenas genérico [56].

IV — "Nomear-lhes tutor, por testamento ou documento autêntico, se o outro dos pais lhe não sobreviver, ou o sobrevivo não puder exercitar o pátrio poder". Mas, se sobreviver o outro progenitor, será nula a indicação de outra pessoa como tutor, efetuada pelo pai, como têm decidido nossos tribunais[57].

V — "Representá-los, até aos dezesseis anos, nos atos da vida civil, e assisti-los, após essa idade, nos atos em que forem partes, suprindo-lhes o consentimento". Lembra o Prof. Washington de Barros Monteiro que devem os menores ser assistidos pelos pais se têm mais de dezesseis anos e menos de vinte e um anos[58].

O Inciso VI do artigo é uma conseqüência do disposto no inciso II, pois diz: "Reclamá-los de quem ilegalmente os detenha"... o que já foi de certo modo dito no artigo 384, inciso II: "Tê-los em sua companhia e guarda". Daí o direito de reclamar os filhos de quem os detenha de modo ilegal e sem o seu consentimento.

Finalmente, VII — "Exigir que lhes prestem obediência, respeito e os serviços próprios de sua idade e condição".

É a parte referente aos deveres recíprocos dos filhos para com os pais. São os direitos dos pais com relação ao que lhes é lícito esperar da parte dos filhos. Eles os educam, os alimentam, os representam, responsabilizam-se por seus atos, durante a menoridade. Em troca devem receber manifestações de respeito e obediência. Mas vemos que o nosso Código não deu aos pais o poder de castigar os filhos, nem mesmo moderadamente. Mas, argumenta o Prof. Barros Monteiro, se o artigo 395, nº I, declara que perde o pátrio poder quem castigar seus filhos "imoderadamente", é porque existe uma "maneira moderada" de castigar que é admissível[59].

O Código Civil Espanhol, porém, deixou mais claro: Art. 155, parág. 2º: "A faculdade de corrigi-los e castigá-los moderadamente".

O Código Napoleão, em seu artigo 375, dava ao pai que "tiver motivos de descontentamento muito graves acerca da conduta dos filhos" o direito de correção. Em nova redação, "deverá o pai pedir ao presidente do tribunal de menores (*sic*) para ser tomada medida correcional".

Em nossa legislação, o artigo não fala de qualquer forma de castigo, moderado ou imoderado, mas cremos ser válido o raciocínio do Prof. Barros Monteiro.

Já na nova redação do Código Civil Francês, o recurso ao "tribunal de menores" para aplicar correção nos parece de todo inviável. Então, o relacionamento pai-filho passa a ser como o de dois indivíduos que, tendo um motivo de queixa do outro, recorre a um tribunal...

O bom senso, que Descartes esperava fosse "la chose du monde la mieux partagée", há de se indignar com semelhante encaminhamento do problema. Também a pura e simples omissão de nosso legislador não me parece a melhor solução, deixando flutuante e ao sabor das mais variadas interpretações a compreensão de um dispositivo de capital importância social, como o que trata dos direitos dos pais sobre a pessoa de seus filhos.

III — Direito sobre os Bens do Filho

Disciplina nosso Código os direitos sobre os bens do filho, em decorrência do pátrio poder nos artigos 385, 386 a 391.

Diz o artigo 385: "O pai, e, na sua falta, a mãe são os administradores legais dos bens dos filhos que se achem sob o seu poder, salvo o disposto no artigo 225". O art. 225 nos diz, por sua vez: "o viúvo ou a viúva, com filhos do cônjuge falecido, que se casar antes de fazer inventário dos bens do casal e dar partilha aos herdeiros, perderá o direito de usufruto dos bens dos mesmos filhos".

São pois os pais os administradores dos bens dos filhos sobre quem exercem pátrio poder. De modo que não o são dos bens adquiridos por filho que vier a ser reconhecido, antes do reconhecimento[60].

Para Clóvis Bevilaqua "administração dos bens" deve ser entendida como sendo "os atos concernentes à boa conservação e exploração dos bens, pagamento de imposto, defesa judifical, venda de imóveis. Também alugar imóveis e receber juros e rendas"[61].

Mas não poderá o pai vender os imóveis do filho, pelo artigo 386, que ainda proíbe "hipotecar, gravar de ônus reais os imóveis dos filhos, nem contrair, em nome deles, obrigações que ultrapassem os limites da simples administração, exceto por necessidade, ou evidente utilidade da prole mediante prévia autorização do juiz". A venda só poderá ser efetuada se hover "vantagem para o incapaz"[62]. A jurisprudência dos tribunais tem asseverado que se houver interesses antagônicos (*sic*) de pai e filho, não é mister provar que o pai pretenda lesar o filho (*sic*), nomeando-se curador especial para zelar pelo incapaz[63]. É o que está de acordo com a correta interpretação do artigo 387: "Sempre que no exercício do pátrio poder colidirem interesses dos pais com os dos filhos, a requerimento deste ou do Ministério Público, o juíz lhe dará curador especial". É difícil levar mais longe uma visão individualista das relações entre pais e filhos, o que corrobora o já afirmado anteriormente a respeito.

Os artigos seguintes especificam: "Art. 388: Só tem o direito de opor a nulidade aos atos praticados com infração dos artigos antecedentes: I — O filho; II — Os herdeiros; III — O representante legal do filho, se durante a menoridade cessar o pátrio poder".

São excluídos do usufruto dos bens — "inerente ao exercício do pátrio poder", conforme ao artigo 389 — os seguintes bens, como por seu lado preceitua o artigo 390: I — "Os bens deixados ao filho com exclusão de usufruto paterno; II — os bens deixados ao filho, para fim certo e determinado". Não só do usufruto como também da administração dos pais se excluem, pelo artigo 391: I — "Os bens adquiridos pelo filho ilegítimo antes do reconhecimento" (como já se disse); II — "os adquiridos pelo filho em serviço militar, de magistério, ou em qualquer outra função pública"; III — "os deixados ou doados ao filho, sob condição de não serem administrados pelos pais; e agora, "nec plus ultra"; IV — "os bens que ao filho couberem por herança, quando os pais forem excluídos da sucessão".

Qualquer idéia de que a família é uma comunidade, fica aqui abandonada, esquecendo a importância da "propriedade familial" a que aludia um Georges Valois em *Le Père.*

IV — Noção de Abuso e Perda de Poder

Diz o artigo 394: "Se o pai, ou a mãe, abusar do seu poder, faltando aos deveres paternos, ou arruinando os bens dos filhos, cabe ao juiz, requerendo algum parente, ou o Ministério Público, adotar a medida que lhe pareça reclamada pela segurança do menor e seus haveres, suspendendo até, quando convenha, o pátrio poder. Parágrafo único: Suspende-se igualmente o pátrio poder do pai ou da mãe condenados por sentença irrecorrível, em crime cuja pena exceda de dois anos de prisão". Então se percebe como é extremamente difícil perder o pátrio poder. A noção de "abuso" é equívoca, o espancamento do filho podendo ser considerado exercício de poder pelo pai, sobretudo em certas sociedades adrede conquistadas pela psicologia educacional que vê sempre com bons olhos qualquer punição, sobretudo física. "Faltar aos deveres pater-nos" apresenta semelhante relativismo. No que consiste precisamente? Pode ser entendida de modo mais estrito ou mais lato, assimilando à "falta dos deveres paternos" desde o cruel abandono, em grau máximo, até, em mínimo grau, uma desatenção qualquer com a criança que chora.

E o artigo seguinte diz, ainda de modo impreciso, "Perderá o pátrio poder o pai ou a mãe: I — que castigar imoderadamente o filho". O que é castigar "imoderadamente"? Não está especificado. Pode um moderno psicólogo considerar "castigo imoderado" uma palmada, uma bofetada, que para um adepto da velha palmatória e vara-de-marmelo são irrelevantes. Assim também o inciso III fala que se perde também por "atos contrários à moral e aos bons costumes". A mãe desquitada que vive em concubinato com outro homem perderá o pátrio poder? Não, dentro de uma interpretação subjetiva, que leve em conta circunstâncias de lugar e tempo; sim, por uma interpretação objetiva, que se apega ao texto, como se ele se destacasse do legislador e de sua época de elaboração, e que apenas vê na hipótese em tela um caso de imoralidade de mulher desquitada.

De modo que tudo fica dependendo de interpretações ao sabor das tendências do julgador, que pode ser homem mais ou menos conservador ou progressista e, no fundo, pai mais ou menos complacente com seus próprios filhos.

Andou bem, a nosso ver, o Prof. Barros Monteiro, que nesta como em outras questões foi sempre por uma interpretação estrita, quanto possível da liberdade do pai e da mãe de educar o filho etc. por considerar mau para o filho o lenocínio ou a prostituição dos pais, quando então lhe parece cabível a perda do pátrio poder[64].

V — Extinção do Pátrio Poder

O artigo 392 diz que o pátrio poder se extingue:

I — "Pela morte dos pais ou do filho". Aplicação do "Mors omnia solvit". II — "Pela emancipação, nos termos do parágrafo primeiro do artigo 9º, da Parte Geral". Que nos diz ele? O seguinte: "Cessará para o menor a incapacidade. I — por concessão do pai ou, se for morto, da mãe, e por sentença do juiz, ouvido o tutor, se o menor tiver dezoito anos cumpridos"; II — pelo casamento; III — pelo exercício de emprego público efetivo; IV — pela colação de grau científico em curso de ensino superior".

Também se extingue: III — "pela maioridade; IV — pela adoção". Outrora, também se extinguia para "a mãe que contrai novas núpcias, quanto aos filhos do leito anterior, mas enviuvando os recupera" (artigo 393).

Hoje, depois da Lei nº 4.121 de 27.8.1962 ela não mais perde o pátrio poder sobre os filhos de um casamento anterior, exercendo-o inclusive com total independência do marido atual. Não se acolheu a opinião antiga de Clóvis que justificava a antiga redação, dizendo que isto poderia dar ensejo a "choque entre famílias", o que para Barros Monteiro camuflava indisfarçável restrição à capacidade civil da mulher casada[65].

Sem qualquer intuito de diminuir ainda que pouco a figura, por tantos outros aspectos, emérita de Clóvis, mas apenas para chegar à idéia exata dos princípios que disciplinaram o pátrio poder entre nós, transcrevemos a seguir suas palavras: "Receava a lei que a bínuba se deixasse influenciar pelo seu segundo marido, se preocupasse mais com os renovos do seu segundo leito, e descurasse da família, a que dera nascimento com o primeiro matrimônio"(66).

NOTAS DO CAPÍTULO II (PARTE III)

(1) *Op. Cit.*, p. 23. V. tb. Adriano Cavanna. *Storia del Diritto Moderno,* pp. 349-370.
(2) *Historia del Derecho Privado,* cit., pp. 277 e segs.
(3) *Seize Essais de Philosophie du Droit,* cit., pp. 140 e segs.
(4) *La Crise de la Conscience Européenne.* Paris, Lib. A. Fayard, 1961, pp. 248.
(5) Locke escreveu *Dois Tratados sobre o Governo Civil.* Já Francisco Suárez (qual a relação de suas obras com a Contra-Reforma já falamos acima, ao tratar da Península Ibérica, no início dos Tempo Modernos) escreveu sobre o Direito e a Lei, e sua doutrina sobre o Governo Civil se pode inferir de suas obras. Cf. Villey, *La Formation de la Pensée Juridique Moderne,* cit., p. 390.
(6) Alexandre Correia, *Concepção Histórica,* cit., pp. 54 e segs.
(7) *Função Social da Dogmática Jurídica,* de Tércio Sampaio Ferraz Jr., a nosso ver, elucida a questão a pp. 56 e 57, quando diz: "À parte histórica (...) se assinalou apenas uma função preliminar e secundária em face da Dogmática, perdendo sua importância não só nos compêndios, como também no ensino. (...) Surgiu assim a Dogmática moderna da exigência de uma fundamentação histórica de suas construções".
(8) Miguel Reale — *Filosofia do Direito.* São Paulo, Ed. Saraiva, 1962, vol. II, p. 365 da 3ª ed.
(9) "Corpo de Regras" do latim "Corpus", como no "Corpus Juris Civilis" "equivaleria a "Sistema de Regras", na linguagem moderna.
(10) Encarece Luhmann a importância da idéia de "sistema" para a compreensão do fenômeno jurídico moderno. Febbrajo, *op. cit.*, pp. 81 e segs.
(11) *Op. cit.*, pp. 404 e segs.
(12) *A Ciência do Direito,* pp. 30 e 31.
(13) Guido Fassò — *Storia della Filosofia del Diritto — L'Ottocento.* Vol. 3, pp. 27 e segs. A afirmação é de Jean Joseph Bugnet (1794-1866), mas poderia ter sido feita por qualquer dos grandes expoentes da Escola de Exegese: Toullier, Delvincourt, Durandon, Aubry (1803-1883), Rau (1803-1877) e Demolombe (1804-1887) que escreveu um *Cours de Code Napoléon,* ed. em 1881, e não um "Curso de Direito Civil"...
(14) Prefácio à tradução do *Código Civil Francês,* de Souza Diniz, sob o título: "Significação Histórica do Código Civil Francês".
(15) François Laurent — *Principes de Droit Civil Français.* Ed. Demaud, Paris, 1870, vol. IV, pp. 343-346.
(16) Laurent, *op. cit.*, p. 348.
(17) "O indivíduo livre isolado, que perde a liberdade pelo "contrato social" como expressão da natureza humana em abstrato, antes de Rousseau, já havia sido delineado por Hobbes". (Cf. José P. Galvão de Sousa — *A Historicidade do Direito e a Elaboração Legislativa.* São Paulo, 1970, p. 72).
(18) Sobre a participação direta de Napoleão ver, entre outros, Guido Fassò, *op. cit.*, p. 22. Adriano Cavanna, *Storia del Diritto Moderno,* p. 399.
(19) Clóvis Bevilaqua — *Direito de Família,* cit., p. 363.
(20) *La Patria Potestad,* cit., p. 36.
(21) Antonio Cicu — "La Filiazione" *in Trattato di Diritto Civile Italiano* (div. aut.), p. 284, *apud, ibid.*, Tobeñas.
(22) Clóvis, *ibid.*, p. 365.
(23) Michel Villey — *La Formation,* cit., p. 42.
(24) Franz Wieacker — *Historia del Derecho Privado en la Edad Moderna,* cit., p. 378.
(25) François Gény — *Méthode d'Interprétation et Sources,* p. 203, da 2ª ed., de 1926, tomo I.
(26) *Ibid.*, p. 89 do tomo II.
(27) *Ibid.*, p. 323 e 324, do tomo I.
(28) *Ibid.*, p. 332.
(29) *Ibid.*, p. 334.
(30) "Plano Geral do Projeto de Código Civil Brasileiro" *in* Revista *O Direito,* vol. XLIX, pp. 497-

503 do ano de 1889.
(31) *Ibid.*, p. 503.
(32) Revista *O Direito,* vol. LXXXI, p. 490, do ano de 1900.
(33) *Ibid.*, p. 504.
(34) João Arruda — *O Pátrio Poder.* Ed. Siqueira e Nagel, São Paulo, 1912, pp. 1 e 9.
(35) *Ibid.*, pp. 12 e 13.
(36) Revista *O Direito,* vol. XCI, p. 360, do ano de 1910.
(37) *Ibid.*, vol. LVI, p. 43, ano 1891.
(38) *Ibid. id.*, p. 440.
(39) Revista *O Direito,* vol. 71, 1896, p. 321.
(40) *Ibid.*, vol. 81, 1900, p. 480.
(41) *Ibid.*, vol. 86, 1901, p. 472.
(42) *Projeto do Código Civil Brasileiro.* Rio, Imprensa Nacional, 1900, p. 68.
(43) Como se sabe a idéia de colaboração ressurgiu na atual redação do artigo 380: "Durante o casamento compete o pátrio poder aos pais, exercendo-o o marido com a colaboração da mulher. Na falta ou impedimento de um dos progenitores passará o outro a exercê-lo com exclusividade". Por onde se vê que Clóvis era mais "atual"que os críticos de seu Projeto.
(44) *Projeto,* cit., p. 69.
(45) *Ibid.*, p. 71.
(46) *Revista dos Tribunais,* São Paulo, vol. 65, p. 539, 1928.
(47) V. a esse respeito, a influência do cinema norte-americano em nosso modesto trabalho *Influência do Cinema Americano na Cultura Brasileira,* publicado sob o título: *Hollywood na Cultura Brasileira.* São Paulo, Ed. Convívio, 1979, pp. 91 e segs.
(48) V. Apel. Cível 259.700 do Tribunal de Justiça de São Paulo. RJTJ-ESP, vol. 47, p. 165, 1977, Súm. "Configuração de abandono e desinteresse pela sorte do filho, por sua criação, educação e moralidade, nomeação do avô materno, com quem permaneceu o neto por treze anos". V. tb. a "competência do Juizado de Menores para resolver questões relativas à destituição do pátrio poder e da tutela dos menores abandonados" *in Revista de Jurisprudência* do TJ-ESP, p. 292, do vol. 20, 1972. Conflito J. nº 206.712. "Medidas restritivas ao pátrio poder (não só a extinção pura e simples)" na RJTJ-ESP, vol. 17, p. 88, 1971 na Apel. 194.728. "Preponderância dos interesses do menor"na RJTJ-ESP, vol. 12, p. 267, 1970 na Correção p. 185-764.
(49) Art. cit. da *Revista dos Tribunais,* 1928, p. 540.
(50) "Evolução Sócio-Jurídica do Pátrio Poder" *in Revista dos Tribunais.* São Paulo, 1958, Ano XLVII, vol. 267, pp. 7-46.
(51) Uma das primeiras definições aparece na famosa distinção de Pio XII: "Povo e multidão amorfa ou, como se costuma dizer, 'massa' são dois conceitos diversos. O povo vive e se move por vida própria, a massa é de si inerte, e não pode mover-se senão por um agente externo. O povo vive da plenitude da vida dos homens que o compõem, cada um dos quais — no próprio lugar e no próprio modo — é uma pessoa consciente das próprias responsabilidades e das próprias convicções. A massa, pelo contrário, espera uma influência externa, manipulada por quem quer que jogue com seus instintos e impressões, pronta a seguir hoje esta amanhã aquela bandeira". (*Atti e Discorsi.* Roma, Ed. Paoline, 1944, p. 168. V. tb. os estudos de Pio XII sobre o papel do pai e da mãe na família (*Ib.* vols. IV e VIII).
(52) Clóvis Bevilaqua — *Direito de Família,* cit., p. 20.
(53) Não abordamos a situação específica dos filhos naturais ou dos adotivos por se exercer de modo idêntico o pátrio poder sobre eles como sobre os filhos legítimos, uma vez que estejam equiparados a eles, quer pela legitimação, no primeiro caso, quer pela adoção, no segundo caso.
(54) Washington de Barros Monteiro — *Curso de Direito Civil — Direito de Família.* São Paulo, Ed. Saraiva, 1968, 8ª ed., p. 283. É o velho aforisma romano: "Pater incertus, mater certa".
(55) *Ibidem.*
(56) *Ibidem,* p. 286.
(57) *Ibidem.*
(58) *Ibidem.*
(59) *Ibidem,* p. 285.
(60) *Ibidem,* p. 287.
(61) *Apud* W.B. Monteiro — *Direito de Família,* cit., p. 288.

(62) W.B. Monteiro, p. 288.
(63) W. de Barros Monteiro, p. 289.
(64) *Ibidem*, pp. 293 e 294.
(65) *Ibidem*, p. 291.
(66) Clóvis Bevilaqua — *Direito de Família*, cit., p. 374.

CONCLUSÃO

Procuramos no decorrer desta obra mostrar as relações existentes entre o pátrio poder no seio da família e a idéia de autoridade, desde as mais remotas origens da tradição romanística até sua expressão no Código Civil Brasileiro, abordando sempre a problemática do pátrio poder paralelamente aos aspectos da idéia de autoridade envolvidos nos vários momentos históricos. Com Niklas Luhmann entendemos, porém, que o Direito é um sistema que não se confunde com o mundo circundante, muito pelo contrário, tem uma realidade concreta na medida em que é uma interpretação da realidade, como que se bastando a si mesma, dentro de um quadro que é como que um mapa, onde se representam segundo um código pré-determinado as realidades dos rios e lagos etc. O sistema é fechado em si mesmo, com regras internas. Mas a razão de ser do sistema é a facilitação, a redução da complexidade do mundo circundante[1].

Ora, como o Direito levará em conta a complexidade crescente do mundo circundante, para, sem perder de vista as mudanças sociais, permanecer um sistema logicamente funcionando, para atender ao que dele se espera?

Cremos encontrar a resposta em um capítulo do livro de Niklas Luhmann *Sistema Giuridico e Dogmatica Giuridica,* com o título preciso "Conceitos jurídicos adequados à sociedade", pois, no fundo, o que se precisa ter é um conceito de pátrio poder e de autoridade adequados à sociedade. Diz então Niklas Luhmann: "No Direito, existe uma necessidade de abstração que resulta do fato de que o sistema deve fornecer uma possibilidade de decisão para cada caso de conflito juridicamente relevante. O caso de conflito vem determinado por duas diferentes variáveis, isto é: 1) do âmbito no qual a sociedade em geral articula os problemas sob o ponto de vista jurídico, constitui relevâncias jurídicas e reconduz os conflitos à via judiciária; 2) do âmbito no qual o mesmo sistema jurídico procura harmonizar entre si diversas possibilidades de decisão (nível das pretensões relativas à justiça). A necessidade de abstração do sistema jurídico, então, é em parte (ainda que não necessariamente) condicionada socialmente, e em parte vem definida pelo mesmo sistema jurídico"[2]. É o caso do pátrio poder, ao mesmo tempo definido juridicamente segundo critérios do Direito Civil, enquanto dogmática do Direito e, em parte, também definido pela jurisprudência a partir de condições sociais específicas de cada época, como se mostrou nos itens *c* e *d,* Parte II, Cap. II. Mas, prossigamos, com o autor: "Isto significa que o nível das pretensões relativas à justiça no sistema jurídico, o grau de abstração da dogmática jurídica e a extensão em que as questões jurídicas são decididas segundo critérios próprios do Direito, não podem ser estabelecidos independentemente das expectativas sociais". Quer dizer, senão teremos a "revolta dos fatos contra os Códigos" e uma Justiça que não satisfaz a ninguém...

"Do mesmo modo, e reciprocamente, estas expectativas são orientadas pelas possibilidades que estão presentes no sistema jurídico". Vale dizer, não se mudam as leis de uma hora para outra, e não há como se conceber o pátrio poder e a família de modo inteiramente diferente do que está na lei, aí está com o que temos de trabalhar como advogados, como juristas. "Portanto", continua Luhmann, "as conexões que aqui nos interessam estão sempre também historicamente condicionadas". Ou seja, o Código Civil foi feito em determinada época, e, em larga medida, os condicionamentos sócio-econômicos de então até hoje permanecem os mesmos...

"Ora, exatamente, pela dúplice variabilidade do sistema e do ambiente, conclui-se, pela teoria dos sistemas[3], que na relação entre sistema e ambiente não deveriam existir elementos 'arbitrários' (deveria existir, diga-se, 'ordem'); se assim não fosse uma variação seria impossível. Tendo em consideração essa dupla contingência, de um lado, das demandas sociais voltadas para a estruturação da conduta de vida que é preenchida pelo Direito, e, de outro lado, do nível de pretensões de harmonia que são internas ao sistema jurídico, resulta necessário poder definir pontos de vista a partir dos quais estabelecer qualquer correspondência — obviamente de modo abstrato, e somente em forma condicional, ou mesmo relativamente—a determinadas situações históricas do sistema. Neste contexto, se poderia relembrar o problema denominado 'justiça', entendendo porém, agora, a justiça não mais do ponto de vista moral, como uma virtude capaz de influir sobre a ação ou como um valor, mas como uma relação entre sistema jurídico e sociedade, como a adequada complexidade do sistema jurídico". Quer dizer, vai ser estudada a possibilidade de realização da justiça, dentro das limitações do sistema jurídico, mas atendendo às demandas sociais acima citadas.

E prossegue: "Hoje se afirma que os fatos sociais ou as estruturas sociais deveriam ser colhidas em 'modelos jurídicos' e colocadas em forma normativa que seja suscetível de decisão. (...) Com o auxílio apenas do conceito de modelo, todavia, nos encontramos logo em dificuldades: o modelo, de fato, não é unicamente uma simples reprodução abreviada mediante omissão de detalhes privados de valor informativo, mas é uma seleção redutiva feita no interesse específico do sistema"(4). Parece-nos que Luhmann teme a aplicação pura e simples do modelo jurídico, pois vê neles sempre uma seleção, uma escolha deste ou daquele aspecto. No decorrer da obra, principalmente na Parte III, se verificou como o "modelo jurídico"da Escola das Pandectas, que influiu sobre nosso Código, apenas colheu do Direito Romano o que dentro da tradição romanística se coadunava com os interesses que se pretendia salvaguardar naquele instante. É um exemplo frisante de como um modelo pode ser uma simples e clara opção, feita segundo parâmetros os mais diversos, inclusive o ideológico, no caso o do liberalismo herdado da Revolução Francesa(5). Mas sabemos (vide Parte II, Cap. I) que foi acolhido pelo legislador muito do antigo Direito Natural Jesuítico.

Então ele prefere: "Prefiro, pois, sobretudo para evitar possíveis equívocos, continuar a usar a expressão 'conceitos jurídicos socialmente adequados'." E explica: "Não significa que os conceitos jurídicos seriam, em suma, conceitos sociológicos ou deveriam reproduzir adequadamente a sociedade", ao que se reduz, aliás, o pensamento jurídico-sociológico de Léon

Duguit, de Émile Durkheim. "Isto estaria", esclarece Luhmann, "em contraste com o sentido da diferenciação, que diz respeito aos sistemas e à sua função, entre sistema da sociedade e sistema jurídico mesmo, entendido como subsistema do sistema da sociedade". Quer dizer, à sociedade moderna como sistema correspondeu determinada noção de família e de pátrio poder, de que o Direito Civil, como sistema, determinou, como subsistema da sociedade, os precisos contornos jurídicos. "Neste contexto a 'adequação' significa só que no sistema jurídico pode realizar-se a transformação conceitual dos problemas". E conclui: "Como sistema funcionalmente inserido 'a posteriori' e obrigado a decidir, o sistema jurídico não pode refletir em si nem a plena complexidade da sociedade, nem as formas de abstração fundamentais da sociedade". Quer dizer, perante o Direito, como sistema de normas, os reclamos sociais, em sua complexidade, não estão em causa. "O critério da adequação pode referir-se, pois, só às reduções com as quais o sistema jurídico, se exigido, consegue desenvolver na *sociedade como um todo* (grifo dele) a sua função *específica*" (idem).

Quer isto significar que não será o Direito a determinar a mudança social, interpretando anseios mais ou menos difusos, antes a mudança social, quer seja de mentalidade, de filosofia, a se espelhar no Direito, o qual, então, dentro de sua função específica, atua sobre a sociedade. Isto justifica o estudo um tanto exaustivo que fizemos da idéia de autoridade, em épocas históricas diversas, pois, com Luhmann, não concebemos que se deva procurar nos textos legislativos a razão de ser de determinada idéia de autoridade, mas exatamente o contrário.

Toda uma alteração fundamental no próprio conceito de família é que explica a alteração profunda nas relações jurídicas, entre pais e filhos. E não se pode pensar em alteração da situação, de fato, conducente à sua desagregação, enquanto não se aceitar, como Luhmann o faz, a diferença ente "comunidade doméstica (família) e economia". Analogamente, "o conceito de ofício pressupõe uma diferenciação entre economia doméstica e sistema da organização religiosa ou política". Diferença esta reconhecida na Antiguidade, como Luhmann cita em nota, e que se perdeu, com o Direito Moderno, regulando, como já disse, as relações de família, como se regulam contratos comerciais ou civis de compra e venda[6].

A passagem de uma idéia individualista a uma idéia comunitária não se operará dentro de uma dogmática jurídica rigidamente legalista, como outrora a da Escola de Exegese e seus sucessores da década atual, mas, propõe Luhmann, "pela formulação de conceitos, de modo funcional, na dogmática, não mais consistente na simples conservação de elementos essenciais, mas no *controle da descontinuidade de um ordenamento auto-substitutivo"*. E: *"esta modificação leva necessariamente a uma formação funcional dos conceitos, a um mais elevado grau de abstração e a uma reflexão sobre a referência ao sistema e sobre a função para o sistema da dogmática"* (grifo dele) [7]. Daí advém uma conseqüência importante: "O direito positivo, também para a dogmática, vale sem ser discutido, exatamente porque pode ser mudado" [8]. A importância desta conclusão de Luhmann explica a metodologia que preferimos seguir nesta obra: não discutimos o Direito Positivo, das várias épocas antigas, como da Era Moderna "in se", mas apenas *nos limitamos a estudar por quais razões ele valia, sem ser discutido.* A História do Direito, concomitantemente, nos mostrava como ele *pode ser mudado*, e de fato mudava de acordo com as contingências históricas e *passava a valer.* O que nós analisávamos nas Partes I, II e na III sobretudo era exatamente o que Luhmann chama de "auto-substituição" do Direito, enquanto sistema.

Estamos com esse autor quando diz, então: "O vínculo (entre normas) não consiste, em suma, em uma imutabilidade do Direito, mas em sua mutabilidade segundo dadas condições"[9]. Por exemplo, certas noções tidas como "imutáveis", porque "romanas", se verificou nesta obra, na Parte III, não serem "romanas", mas "romanistas", isto é, de origem romana, totalmente mudadas de acordo com as contingências do "Code Napoléon". A habilidade dos justifilósofos, desde o século XVIII, foi a de apresentar como "naturais" os princípios que contingencialmente ajudaram à derrubada do "Ancien Régime" e não permitiram a sua substituição por outros. É o caso de certos conceitos tidos como intocáveis: o de "direito natural subjetivo", que analisamos também na Parte II, Cap. I, lídimo precursor do Liberalismo, como Luhmann também o diz, "cuja introdução foi favorecida pela preexistência de um conceito de sujeito responsável e dotado de vontade, que já entrara em uso no século XVII, e que conferiu ao conceito do direito subjetivo uma plausibilidade e uma legitimidade altamente generalizável"[10].

Explica Luhmann, "Indivíduos e interesses individualizados de dispor de coisas, isto já existia há muito tempo; nova, no entanto, era a medida em que ocorria introduzir no Direito assimetrias, em linha de princípios 'injustas', sem uma direta reciprocidade e sem a cobertura de hierarquias sociais fundadas sobre o 'status'. A nova sociedade civil obrigava, em definitivo, a reconstruir uma pluralidade de institutos jurídicos sobre estes abstratos fundamentos"[11].

É a prova cabal da mutabilidade do Direito Positivo, e de seus conceitos: a quebra da sociedade organizada segundo um "sistema de grupos ou corporações", a que correspondia um direito corporativo diversificado, trouxe a necessidade de criar novos conceitos jurídicos, como o de "direito subjetivo", utilizando os dados de que então se dispunha como herança do século XVII, jusnaturalismo, voluntarismo etc., para que um direito novo (individualista) correspondesse à nova sociedade, organizada segundo um "sistema de indivíduos". É claro que correspondendo também a uma idéia de autoridade do legislador, como se viu nas Partes II e III, "que lhe dá uma participação no poder definitório, e correndo menores riscos, portanto, de se chocar com contínuas mudanças legislativas"[12]. É o instante em que a Escola de Exegese se desenvolve notavelmente, como se viu na Parte III.

Luhmann, na verdade, se exime de concluir o caminho que "deveria" ser percorrido, contente de ter mostrado como "funciona" o Direito, e nas suas relaçãoes com o sistema da sociedade, qual o alcance do sistema jurídico. Seus precursores foram os críticos da Revolução de 89, que, com Joseph De Maistre, punham em dúvida, enquanto "sistema"(13), os fundamentos doutrinários de que partiam as disposições do Código Civil Francês, "Napoleão", e não apenas este ou aquele artigo do referido Código. Era esta, também, a perspectiva crítica em que se colocava depois um François Gény. Entretanto, a contribuição de Luhmann está em esclarecer mais e melhor como o sistema do Direito caminha, funcionalmente, para uma função específica que dele se espera, e menos sua "legitimidade absoluta".

Isto escapou aos mais sagazes críticos da Revolução de 89 e do "Direito Individualista", sempre com a total falta de esperança, quiçá, inconsciente, de que era "aproveitável" muito do que estava consagrado nas leis. Pensamos, pois, com este nosso modesto trabalho, ter trazido alguma luz sobre o processo de transformação dos institutos jurídicos, rastreando suas remotas origens na Antiguidade e seguindos seus passos durante o período medieval, que tanto marcou a concepção ocidental de paternidade e de pátrio poder, chegando até os Tempos Modernos em que o Estado aparece com as características que só se reforçaram até os nossos dias, por vezes em detrimento de outros corpos sociais intermediários altamente significativos, como é o caso da família.

Por isto não poderíamos separar esse estudo da análise das modificações pelas quais passou a idéia mesma de autoridade, de que a autoridade paterna é um matiz, quando não um reflexo. Pensamos ter demonstrado a relação entre o poder patriarcal do Brasil-colônia, e a tendência autonomista perante o poder do Estado português, embora teoricamente se aceitasse o seu ordenamento jurídico, como também o nexo existente entre as concepções individualistas de Jean-Jacques Rousseau que conduzem ao primado da "volonté générale", e a passagem gradativa de uma concepção de família comunitária para uma concepção societária, com o que desaparece a função do chefe de família, nos moldes tradicionais, dando ao pátrio poder configuração inteiramente nova.

Cremos também ter trazido à discussão o importante problema da fundamentação jusnaturalista do pátrio poder, para entender o papel desempenhado pela formação jesuítica na consolidação de um subsistema de efetivo alcance na regulamentação das relações de parentesco, muito em detrimento das Ordenações do Reino, então em vigor, no Brasil.

Chamou-nos a atenção o fato de termos demorado tanto a elaboração de nosso Código Civil e, com apoio na jurisprudência das várias décadas do século passado e deste mesmo século, tentamos explicar o atraso pela divergência entre duas concepções diferentes sobre a competência mesma do Estado para legislar em matéria de direito de família, no que não foi pequeno o auxílio ministrado para nossa pesquisa por aqueles que têm se dedicado a estudar os grandes juristas do século passado, Teixeira de Freitas, José de Alencar (coerente em matéria jurídica com seus sentimentos expressos em romances imortais de nossa literatura), culminando no minucioso estudo da formação e atuação de Clóvis Bevilaqua, autor do Projeto que deu origem ao Código Civil de 1916.

A tudo isto se prestava admiravelmente a metodologia de Niklas Luhmann, como pensamos ter utilizado, já que toda ele se propõe não tanto a mostrar o que está "certo" ou "errado" nas leis, como o que de fato corresponde à necessidade de reduzir a complexidade da vida em comum.

NOTAS DA CONCLUSÃO

(1) Cf. Tércio Sampaio Ferraz Jr. — *A Função Social da Dogmática Jurídica*, cit., pp. 9, nota 10.
(2) Niklas Luhmann — *Sistema Giuridico e Dogmatica Giuridica*, cit., p. 106.
(3) Cf. Introdução.
(4) Luhmann, *op. cit.*, p. 107.
(5) Cf. José Pedro Galvão de Sousa — *A Historicidade do Direito e a Elaboração Legislativa.* A influência da ideologia liberal na elaboração do Direito Privado francês, a pp. 70 e 75.
(6) Luhmann, *op. cit.*, pp. 109, nota 8.
(7) *Ibid.*, pp. 115.
(8) *Ibid.*, pp. 116.
(9) *Ibid, loc. cit.*
(10) *Ibid.*, p. 117.
(11) *Ibid., loc. cit.*
(12) *Ibid.*, pp. 118 e 119.
(13) Joseph De Maistre — *Essai sur le Principe Générateur des Constitutions Politiques.* Lyon, Emmanuel Vitte, ed. 1924, pp. 15-24. De Maistre já levanta dúvidas que — a nosso ver — só a nova abordagem luhmanniana reconduziu a seus verdadeiros termos e a seu campo.

BIBLIOGRAFIA

Alcântara Machado — *Vida e Morte do Bandeirante*. Liv. Martins Editora, São Paulo, s/d.

Alencar, José de — *Discursos Parlamentares*. Câmara dos Deputados, Brasília, 1977.

— *Obra de Ficção*. Ed. Piratininga, São Paulo, 20 vols, s/d.

Alighieri, Dante — *De Monarchia*. Biblioteca de los Autores Cristianos, Madri, 1973. (Trad. cast. de Nicolas Gonzales Ruiz).

Almeida Prado, J. F. de — *Jean Baptise Debret*. Cia. Editora Nacional, São Paulo, 1973.

Arendt, Hannah — *Entre o Passado e o Futuro*. Trad. de Mauro W. Barbosa de Almeida. Edit. Perspectiva, São Paulo, 1972, 2ª ed.

— *Sobre la Revolución*. Trad. de Pedro Bravo. Ed. Revista de Ocidente, Madri, 1967.

Arruda, João — *O Pátrio Poder*. Ed. Siqueira e Nagel, São Paulo, 1912.

Ávila, Fernando Bastos de — *O Pensamento Social Cristão antes de Marx*. Liv. José Olympio Ed., Rio de Janeiro, 1972.

Bagge, Dominique — *Le Idées Politiques en France sous la Restauration*. Presses Univ. de France, Paris, 1952.

Bandecchi, Brasil — "O Município no Brasil e sua Função Política" *in Revista de História,* da FFLCH da USP, vol. XLIV, nº 90, São Paulo, Abril-Junho de 1972, pp. 495-530.

Barreto, Tobias — *Estudos de Filosofia*. Ed. Grijalbo, São Paulo, 1977.

Barros Monteiro, Washington de — *Curso de Direito Civil,* Ed. Saraiva, São Paulo, 1968, 8ª ed., 6 vols.

Basse, Bernard — *La Constitution de l'Ancienne France*. Lib. St. Louis Liancourt, 1973.

Bastide, Roger — *Brasil: Terra de Contrastes*. Difusão Européia do Livro, São Paulo, 1975, 6ª ed.

Benveniste, Émile — *Le Vocabulaire des Institutions Indo-Européennes*. Les Éditions de Minuit, Paris, 1969, 2 vols.

Bevilaqua, Clóvis — *Direito de Família*. Ed. Rio, Rio de Janeiro, Ed. Histórica, 1976.

— *Projeto do Código Civil Brasileiro*. Imprensa Nacional, Rio de Janeiro, 1900.

— "O Pátrio Poder" *in Revista dos Tribunais*. Vol. LXV, São Paulo, 1928, pp. 539 e 540.

— *Obra Filosófica*. Ed. Grijalbo, São Paulo, 1975, 2 vols.

Buarque de Holanda, Sérgio — *Raízes do Brasil*. Ed. Liv. José Olympio Edit., Rio de Janeiro, 1973, 7ª ed.

Cândido, Antonio — *Literatura e Sociedade*. Cia. Editora Nacional, São Paulo, 1976, 5ª ed.

Carone, Edgar — *A República Velha*. Difusão Européia do Livro, São Paulo, 1978, 4ª ed.

Carrato, José Ferreira — *Igreja, Iluminismo e Escolas Mineiras Coloniais*. Cia. Editora Nacional, São Paulo, 1968.

Castán Vazquez, José Maria — *La Pátria Potestad*. Ed. Revista de Derecho Privado, Madri, 1960.

Cavana, Adriano — *Storia del Diritto Moderno in Europa*. Giuffrè Edit., Milão, 1979.

Chamoun, E. — *Instituições de Direito Romano*. Ed. Forense, Rio de Janeiro, 1968, 5ª ed.

Cicu, Antonio — *La Filiazione* in *Trattato di Diritto Civile Italiano*.

Correia, Alexandre & Correia, Alexandre Augusto de Castro & Sciascia, Gaetano — *Manual de Direito Romano*. Ed. Saraiva, São Paulo, 1953, 2ª ed., 2 vols.

Correia, Alexandre Augusto de Castro — *O Estoicismo no Direito Romano*. São Paulo, 1950.

Correia, Alexandre — *Concepção Histórica do Direito e do Estado*. Sep. da *Revista da Pontifícia Universidade Católica de São Paulo*, vol. 37, fasc. 71 e 72, São Paulo, 1970.

Costa Brochado, José da — *A Lição do Brasil*. Portugália Editora, Lisboa, 1949.

Dahrendorf, Ralf — *Ensaios de Teoria da Sociedade*. Ed. Zahar, Rio de Janeiro, 1974.

— *Sociedad y Libertad*. Trad. de J. Jimenez Blanco. Ed. Tecnos, Madri, 1971.

De Cicco, Cláudio — *A Cultura Brasileira Tradicional em Face dos Valores Difundidos pelo Cinema Norte-Americano*.

São Paulo, 1975. (publicada sob o título: *Hollywood na Cultura Brasileira*, Ed-Convívio, 1979).

— "Contardo Ferrini e a Escola Histórica" *in Hora Presente*. Ano VII, nº 19, São Paulo, Junho de 1975, pp. 87-98.

— "O Modelo de Chefe de Estado" *in Hora Presente*, nº 7, ano III, out. de 1970, pp. 169-178, São Paulo, 1970.

De Maistre, Joseph — *Essai sur le Principe Générateur des Constitutions Politiques et des autres Institutions Humaines*. Ed. Emmanuel Vitte, Lyon, 1924, 2ª ed.

Demolombe, Charles — *Cours de Code Napoléon*. Paris, 1881, 10 vols.

Dias, Manuel Nunes — *A Companhia Geral do Grão-Pará e Maranhão*. FFLCH da USP, 1971.

Edmundo, Luís — *O Rio de Janeiro no Tempo dos Vice-Reis*. Ed. Conquista, Rio de Janeiro, 1956, 4ª ed., 3 vols.

Évola, Julius — *L'Idée Impériale Gibeline*. Trad. franc. de Yvonne Tortat. Ed. Belhomme, Paris, 1974.

Rivolta contro il Mondo Moderno. Ed. Mediterranee, Roma, 1968, 2ª ed.

Falbell, Nachman — *Os Espirituais e a Querela do Poder Temporal*. São Paulo, 1976.

Faoro, Raymundo — *Os Donos do Poder*, Ed. Globo, Porto Alegre, 1975, 2ª ed., 2 vols.

Fassò, Guido — *Storia della Filosofia del Diritto*. Ed. Il Mulino, Bolonha, 1970, 3 vols.

Febbrajo, Alberto — *Funzionalismo Strutturale e Sociologia del Diritto nell'Opera di Niklas Luhmann*. Giuffrè Edit., Milão, 1975.

Ferreira, Waldemar — *História do Direito Brasileiro*. Liv. Freitas Bastos, São Paulo, 1952, 3 vols.

Freyre, Gilberto — *Casa Grande & Senzala*. Liv. José Olympio Ed., Rio de Janeiro, 1961, 10ª ed., 2 vols.

— *Ingleses no Brasil*. Liv. José Olympio Ed., Rio de Janeiro, 1977, 2ª ed.

Füllöp-Miller, René — *Os Jesuítas*. Ed. Globo, Porto Alegre, 1946. (Trad. port. Álvaro Franco).

Funck-Brentano, Franz — *Le Moyen-Âge*. Ed. Hachette, Paris, s/d.

— *L'Ancien Régime*. Lib. A. Fayard, Paris, 1936, 2 vols.

— *Légendes et Archives de la Bastille*. Ed. Hachette, Paris, 1901, 2ª ed.

Fustel de Coulanges — *La Cité Antique*. Paris, 1881, 9ª ed.

Galvão de Sousa, J. P. — *Iniciação à Teoria do Estado*. Ed. Revista dos Tribunais, São Paulo, 1976, 2ª ed.

— *Introdução à História do Direito Político Brasileiro*. Ed. Saraiva, São Paulo, 1959, 2ª ed.

— *A Historicidade do Direito e a Elaboração Legislativa*. São Paulo, 1970.

— *Origens da Moderna Teoria do Estado*. São Paulo, 1972.

Gama Caeiro, Francisco da — "Verney e o Brasil" *in Suplemento Cultural de O Estado de S. Paulo*, 13/5/1979, pp. 6 e 7.

Gaudemet, Jean — *Institutions de l'Antiquité*. Recueil Sirey, Paris, 1967.

Gaxotte, Pierre — *Le Siècle de Louis XV*. A. Fayard, Paris, 1980, 2ª ed.

— *La Révolution Française*. A. Fayard, Paris, 1947, 1ª ed.

Geny, François — *Méthodes d'Interprétation et Sources en Droit Privé Positif*. Paris, 1926, 2 vols. 2ª ed.

Graham, Richard — *A Grã-Bretanha e o Início da Modernização do Brasil*. Trad. de Roberto Machado de Almeida. Ed. Brasiliense, S. Paulo, 1973.

Hazard, Paul — *La Crise de la Conscience Européenne*. A. Fayard, Paris, 1961.

Hoffner, Joseph — *Colonialismo e Evangelho*. Trad. de J. Wisniewski Fo. Ed. Presença, Rio de Janeiro, 1973.

Jaeger, Werner — *Cristianismo Primitivo y Paideia Griega*. Trad. de Elsa C. Frost. Brev. Fondo de Cultura Econ., México, 1971.

Jouvenel, Bertrand de — *As Origens do Estado Moderno*. Trad. de Mamede de Souza Freitas. Ed. Zahar, Rio de Janeiro, 1978.

Jugnet, Louis — *La Pensée de Saint Thomas d'Aquin*. Ed. Bordas, Paris, 1964, 1ª ed.

Kant, Emmanuel — *Fundamentação da Metafísica dos*

Costumes. Trad. de Paulo Quintela. Ed. Atlântica, Coimbra, s/d.

Kelsen, Hans — *Teoria Pura do Direito.* Trad. de J. B. Machado. Armênio Amado, Edit., Coimbra, 1976, 4ª ed.

Lacey, W. K. — *The Family in Classical Greece.* Thomas and Hudson, Londres, 1968.

Laurent, François — *Principes de Droit Civil Français.* Ed. Denaud, Paris, 1870, 8 vols.

Leclerc, Jacques — *A Família.* Trad. de E. de Gama. Ed. Quadrante, S. Paulo, s/d.

Levi, Darrel Erville — "The Prado Family: European Culture and the Rediscovery of Brazil" *in Revista de História.*, vol. LII, nº 104, São Paulo, pp. 803-824, Outubro-Dezembro de 1975.

Luhmann, Niklas — *Sistema Giuridico e Dogmatica Giuridica* Ed. Il Mulino, Bolonha, 1978. (Trad. de Alberto Febbrajo.)

— *Legitimação pelo Procedimento.* Trad. de Maria da Conceição Corte Real. Ed. da Universidade de Brasília, 1980.

— *Stato di Diritto e Sistema Sociale.* Trad. de Flávio Spalla. Guida Edit., Nápoles, 1978.

— "O Direito como Generalização Congruente". Trad. de D.M. Hartel *in* Souto, Cláudio; Falcão, Joaquim — *Sociologia e Direito.* Ed. Pioneira, São Paulo, 1980.

Machado Neto, A. I. — *História das Idéias Jurídicas no Brasil.* Grijalbo, São Paulo, 1969.

Machado Neto, Zaidée — *Direito Penal e Estrutura Social.* Ed. Saraiva, São Paulo, 1977.

Maciel de Barros, Roque Spencer — *A Significação Educativa do Romantismo Brasileiro.* Ed. Grijalbo, São Paulo, 1973.

Maluf, Sahid — *Teoria Geral do Estado.* Sugestões Literárias, São Paulo, 11ª ed., 1980.

Marrou, Henri Irénée — *História da Educação na Antiguidade.* Trad. de Mário Leônidas Casanova. Edit. Pedag. e Univ. e EDUSP, São Paulo, 1975.

Martins, Wilson — *História da Inteligência Brasileira.* Ed. Cultrix, São Paulo, 2 vols, 1976.

Mendes de Almeida, Cândido — *Código Filipino ou Ordenações do Reino de Portugal.* Rio de Janeiro, 1870, 14ª ed.

Meira, Sílvio — *História e Fontes do Direito Romano*. Ed. Saraiva, São Paulo, 1966.

— *Teixeira de Freitas: o Jurisconsulto do Império*. Liv. José Olympio Edit., Rio de Janeiro, 1979.

Menezes, Djacir — "José de Alencar, o Jurista" *in Suplemento Cultural de O Estado de S. Paulo*. 11/12/1977. São Paulo, pp. 10-12.

Merêa, Paulo — "O Poder Paternal na Legislação Visigótica" *in Boletim da Faculdade de Direito da Universidade de Coimbra*. vol. XV, Coimbra, 1939, pp. 297-308.

Mesquita, Eni de — "Uma Contribuição ao Estudo da Família em São Paulo no Período Colonial" *in Revista de História* da FFLCH da USP. Vol. LIII, nº 105, Janeiro-Março de 1976, São Paulo, pp. 33-46.

Moura, Odilon — "O Iluminismo no Brasil" *in História da Filosofia no Brasil*. Ed. Convívio, São Paulo, 1978, 1º vol.

Oliveira Lima — *Império Brasileiro*. Ed. Melhoramentos, São Paulo, 1962, 4ª ed.

Oliveira Martins — *História de Portugal*. Tip. Parceria A.M. Pereira, Lisboa, 1917, 9ª ed., 2 vols.

Oliveira Torres, João Camillo de — *Interpretação da Realidade Brasileira*. Liv. José Olympio Edit., Rio de Janeiro, 1973, 2ª ed.

— *Democracia Coroada*. Petrópolis, Editora Vozes, 1964, 2ª ed.

— *Os Construtores do Império*. Cia. Editora Nacional, São Paulo, 1968.

Parsons, Talcott — *Sociedades: Perspectivas Evolutivas e Comparativas*. Trad. de Dante Moreira Leite. Ed. Pioneira, São Paulo, 1969.

Pereira de Queiróz, Maria Isaura — *O Messianismo no Brasil e no Mundo*. Dominus Edit., São Paulo, 1965.

Pernoud, Régine — *Lumière du Moyen-Âge*. Ed. Bernard Grasset, Paris, 1954.

Pio XII — *L'Uomo nella Famiglia. Atti e Discorsi*. Ed. Paoline, Roma, 1942, vol. IV, pp. 86-100.

— *La Donna nella Famiglia. Atti e Discorsi.* Ed. Paoline, Roma, 1942, vol. IV, pp. 36-60.

— *Patriziato e Nobiltà Romana. Ibid.*, 1946, vol. VIII, pp. 29-37.

— *Popolo e Massa nella Democrazia. Ibid.*, 1944, vol. VII, pp. 168 e 169.

Porchat, Reynaldo — "O Pensamento Filosófico no 1º Século da Academia" *in Revista da Faculdade de Direito.* Vol. XXIV, São Paulo, 1928, pp. 333-374.

Reale, Miguel — *Horizontes do Direito e da História.* Ed. Saraiva, São Paulo, 1977, 2ª ed.

— *Filosofia em São Paulo.* Ed. Saraiva, São Paulo, 1976, 2ª ed.

— *Filosofia do Direito.* Ed. Saraiva, São Paulo, 1962, 3ª ed., 2 vols.

— "A Significação Histórica do Código Civil Francês" (Prefácio à trad. do "Code Civil Français" por Souza Diniz). Distrib. Record, Rio de Janeiro, 1962.

— *O Conceito de "Ratio Naturalis" entre os Jurisconsultos Romanos e Santo Tomás de Aquino.* Sep. da *Revista da Faculdade de Direito.* Vol. XXIV, São Paulo, 1943. pp. 107-117.

— *Experiência e Cultura.* Ed. Grijabo, São Paulo, 1977.

Renault, Delso — *O Rio Antigo nos Anúncios de Jornais.* Liv. José Olympio Edit., Rio de Janeiro, 1969.

Rodrigues, José Honório — *Independência: Revolução e Contra-Revolução.* Liv. Francisco Alves, São Paulo, 1975, 5 vols.

Romero, Sylvio — *Obra Filosófica.* Liv. José Olympio Edit., Rio de Janeiro, 1969.

Rommen, Heinrich — *O Estado no Pensamento Católico.* Ed. Paulinas, São Paulo, 1967. (Trad. das M.B. de Santa Maria.)

Sampaio Ferraz Júnior, Tércio — *A Ciência do Direito.* Ed. Atlas, São Paulo, 1977, 1ª ed.

— *Função Social da Dogmática Jurídica.* Ed. Revista dos Tribunais, São Paulo, 1981.

— *Teoria da Norma Jurídica.* Ed. Forense, Rio de Janeiro, 1978.

— "Apresentação" a *Legitimação pelo Procedimento,* de Niklas Luhmann. Ed. Univ. de Brasília, 1980.

Santiago, Silviano — "Liderança e Hierarquia em José de Alencar"in *Suplemento de Cultura de O Estado de S. Paulo,* 18/12/1977, pp. 7-11.

Santo Agostinho — *A Cidade de Deus.* Trad. de Oscar Paes Leme. São Paulo, Editora das Américas, 1963, 3 vols.

Santo Tomás de Aquino — *Suma Teológica.* Trad. de Alexandre Correia, Ed. Liv. Sulina, Porto Alegre, 1980, 2ª ed., 11 vols.

Schaden, Egon — *A Formação Étnica e a Consciência Nacional.* São Paulo, 1955.

— *Aculturação Indígena.* Ed. Pioneira. São Paulo, 1969.

Sepp, Antonio — *Viagem às Missões Jesuíticas.* Liv. Martins Edit., São Paulo, 1972.

Silveira, Waldemar C. — "Evolução Sócio-Jurídica do Pátrio Poder" *in Revista dos Tribunais,* vol. 267, pp. 7-46.

Souza, Maria do Carmo Campelo de *et alii* — *Brasil em Perspectiva.* Difusão Européia do Livro, São Paulo, 1971.

Von Martius, Karl Friedrich — "O Direito entre os Autóctones do Brasil" *in Revista do Inst. Hist. Geogr. de São Paulo,* vol. XI, pp. 20-82. Trad. Adalberto Loefgreen. São Paulo.

— "O Passado e o Futuro da Raça Americana", *Rev. Inst. Hist. Geogr.* Vol. IX, pp. 534-562. Trad. de Loefgreen, São Paulo, 1904.

Valois, George — *Le Père: La Philosophie de la Famille.* Nouvelle, Lib. Nationale, Paris, 1924.

Villey, Michel — *La Formation de la Pensée Juridique Moderne.* Ed. Mentchretien, Paris, 1975.

— *Seize Essais sur la Philosophie du Droit.* Dallez, 1969.

Weller, Max — *Economia y Sociedad.* Trad. J.J. Echevarría. Fondo de Cultura Econ., México, 1964, 2ª ed. esp.

Weckman, Luís — "A Idade Média na Conquista da América" *in Revista de História* da FFLCH-USP, vol. VIII, nº 18, São Paulo, Abril-Junho de 1954, pp. 327-342.

Wieacker, Franz — *História del Derecho Privado en la Edad* Moderna. Madri, Ed. Aguilar, 1957 (Trad. Francisco F. Jardon).